U0515830

海上絲綢之路基本文獻叢書

海運續案（中）

〔清〕户部 修

文物出版社

圖書在版編目（CIP）數據

海運續案. 中 / 户部修. -- 北京 : 文物出版社,
2022.7
（海上絲綢之路基本文獻叢書）
ISBN 978-7-5010-7613-0

Ⅰ. ①海… Ⅱ. ①户… Ⅲ. ①海上運輸－交通運輸史
－史料－中國－清代 Ⅳ. ①F552.9

中國版本圖書館 CIP 數據核字（2022）第 086695 號

海上絲綢之路基本文獻叢書

海運續案（中）

修　　者：〔清〕户部
策　　劃：盛世博閱（北京）文化有限責任公司

封面設計：鞏榮彪
責任編輯：劉永海
責任印製：張　麗

出版發行：文物出版社
社　　址：北京市東城區東直門内北小街 2 號樓
郵　　編：100007
網　　址：http://www.wenwu.com
經　　銷：新華書店
印　　刷：北京旺都印務有限公司
開　　本：787mm×1092mm　1/16
印　　張：15.5
版　　次：2022 年 7 月第 1 版
印　　次：2022 年 7 月第 1 次印刷
書　　號：ISBN 978-7-5010-7613-0
定　　價：98.00 圓

總緒

海上絲綢之路，一般意義上是指從秦漢至鴉片戰争前中國與世界進行政治、經濟、文化交流的海上通道，主要分爲經由黄海、東海的海路最終抵達日本列島及朝鮮半島的東海航綫和以徐聞、合浦、廣州、泉州爲起點通往東南亞及印度洋地區的南海航綫。

在中國古代文獻中，最早、最詳細記載『海上絲綢之路』航綫的是東漢班固的《漢書·地理志》，詳細記載了西漢黄門譯長率領應募者入海『齎黄金雜繒而往』之事，書中所出現的地理記載與東南亞地區相關，并與實際的地理狀况基本相符。

東漢後，中國進入魏晋南北朝長達三百多年的分裂割據時期，絲路上的交往也走向低谷。這一時期的絲路交往，以法顯的西行最爲著名。法顯作爲從陸路西行到印度，再由海路回國的第一人，根據親身經歷所寫的《佛國記》（又稱《法顯傳》）一書，詳細介紹了古代中亞和印度、巴基斯坦、斯里蘭卡等地的歷史及風土人情，是瞭解和研究海陸絲綢之路的珍貴歷史資料。

隨着隋唐的統一，中國經濟重心的南移，中國與西方交通以海路爲主，海上絲綢之路進入大發展時期。廣州成爲唐朝最大的海外貿易中心，朝廷設立市舶司，專門管理海外貿易。唐代著名的地理學家賈耽（七三〇～八〇五年）的《皇華四達記》記載了從廣州通往阿拉伯地區的海上交通『廣州通夷道』，詳述了從廣州港出發，經越南、馬來半島、蘇門答臘半島至印度、錫蘭，直至波斯灣沿岸各國的航綫及沿途地區的方位、名稱、島礁、山川、民俗等。譯經大師義净西行求法，將沿途見聞寫成著作《大唐西域求法高僧傳》，詳細記載了海上絲綢之路的發展變化，是我們瞭解絲綢之路不可多得的第一手資料。

宋代的造船技術和航海技術顯著提高，指南針廣泛應用於航海，中國商船的遠航能力大大提升。北宋徐兢的《宣和奉使高麗圖經》詳細記述了船舶製造、海洋地理和往來航綫，是研究宋代海外交通史、中朝友好關係史、中朝經濟文化交流史的重要文獻。南宋趙汝適《諸蕃志》記載，南海有五十三個國家和地區與南宋通商貿易，形成了通往日本、高麗、東南亞、印度、波斯、阿拉伯等地的『海上絲綢之路』。宋代爲了加强商貿往來，於北宋神宗元豐三年（一〇八〇年）頒佈了中國歷史上第一部海洋貿易管理條例《廣州市舶條法》，并稱爲宋代貿易管理的制度範本。

元朝在經濟上採用重商主義政策，鼓勵海外貿易，中國與歐洲的聯繫與交往非常頻繁，其中馬可•波羅、伊本•白圖泰等歐洲旅行家來到中國，留下了大量的旅行記，記録元代海上絲綢之路的盛况。元代的汪大淵兩次出海，撰寫出《島夷志略》一書，記録了二百多個國名和地名，其中不少首次見於中國著録，涉及的地理範圍東至菲律賓群島，西至非洲。這些都反映了元朝時中西經濟文化交流的豐富内容。

明、清政府先後多次實施海禁政策，海上絲綢之路的貿易逐漸衰落。但是從明永樂三年至明宣德八年的二十八年裏，鄭和率船隊七下西洋，先後到達的國家多達三十多個，在進行經貿交流的同時，也極大地促進了中外文化的交流，這些都詳見於《西洋蕃國志》《星槎勝覽》《瀛涯勝覽》等典籍中。

關於海上絲綢之路的文獻記述，除上述官員、學者、求法或傳教高僧以及旅行者的著作外，自《漢書》之後，歷代正史大都列有《地理志》《四夷傳》《西域傳》《外國傳》《蠻夷傳》《屬國傳》等篇章，加上唐宋以來衆多的典制類文獻、地方史志文獻，集中反映了歷代王朝對於周邊部族、政權以及西方世界的認識，都是關於海上絲綢之路的原始史料性文獻。

海上絲綢之路概念的形成，經歷了一個演變的過程。十九世紀七十年代德國地理學家費迪南·馮·李希霍芬（Ferdinad Von Richthofen，一八三三～一九〇五），在其《中國：親身旅行和研究成果》第三卷中首次把輸出中國絲綢的東西陸路稱爲『絲綢之路』。有『歐洲漢學泰斗』之稱的法國漢學家沙畹（Édouard Chavannes，一八六五～一九一八），在其一九〇三年著作的《西突厥史料》中提出『絲路有海陸兩道』，蘊涵了海上絲綢之路最初提法。迄今發現最早正式提出『海上絲綢之路』一詞的是日本考古學家三杉隆敏，他在一九六七年出版《中國瓷器之旅：探索海上的絲綢之路》中首次使用『海上絲綢之路』一詞；一九七九年三杉隆敏又出版了《海上絲綢之路》一書，其立意和出發點局限在東西方之間的陶瓷貿易與交流史。

二十世紀八十年代以來，在海外交通史研究中，『海上絲綢之路』一詞逐漸成爲中外學術界廣泛接受的概念。根據姚楠等人研究，饒宗頤先生是華人中最早提出『海上絲綢之路』的人，他的《海道之絲路與昆侖舶》正式提出『海上絲路』的稱謂。選堂先生評價海上絲綢之路是外交、貿易和文化交流作用的通道。此後，大陸學者馮蔚然在一九七八年編寫的《航運史話》中，使用『海上絲綢之路』一詞，這是迄今學界查到的中國大陸最早使用『海上絲綢之路』的人，更多地限於航海活動領域的考察。一九八〇年北京大學陳炎教授提出『海上絲綢之路』研究，并於一九八一年發表《略論海上絲綢之路》一文。他對海上絲綢之路的理解超越以往，且帶有濃厚的愛國主義思想。陳炎教授之後，從事研究海上絲綢之路的學者越來越多，尤其沿海港口城市向聯合國申請海上絲綢之路非物質文化遺産活動，將海上絲綢之路研究推向新高潮。另外，國家把建設『絲綢之路經濟帶』和『二十一世紀海上絲綢之路』作爲對外發展方針，將這一學術課題提升爲國家願景的高度，使海上絲綢之路形成超越學術進入政經層面的熱潮。

與海上絲綢之路學的萬千氣象相對應，海上絲綢之路文獻的整理工作仍顯滯後，遠遠跟不上突飛猛進的研究進展。二〇一八年厦門大學、中山大學等單位聯合發起『海上絲綢之路文獻集成』專案，尚在醖釀當中。我們不揣淺陋，深入調查，廣泛搜集，將有關海上絲綢之路的原始史料文獻和研究文獻，分爲風俗物産、雜史筆記、海防海事、典章檔案等六個類别，彙編成《海上絲綢之路歷史文化叢書》，於二〇二〇年影印出版。此輯面市以來，深受各大圖書館及相關研究者好評。爲讓更多的讀者親近古籍文獻，我們遴選出前編中的菁華，彙編成《海上絲綢之路基本文獻叢書》，以單行本影印出版，以饗讀者，以期爲讀者展現出一幅幅中外經濟文化交流的精美畫卷，爲海上絲綢之路的研究提供歷史借鑒，爲『二十一世紀海上絲綢之路』倡議構想的實踐做好歷史的詮釋和注脚，從而達到『以史爲鑒』『古爲今用』的目的。

凡例

一、本編注重史料的珍稀性，從《海上絲綢之路歷史文化叢書》中遴選出菁華，擬出版百册單行本。

二、本編所選之文獻，其編纂的年代下限至一九四九年。

三、本編排序無嚴格定式，所選之文獻篇幅以二百餘頁爲宜，以便讀者閱讀使用。

四、本編所選文獻，每種前皆注明版本、著者。

五、本編文獻皆爲影印，原始文本掃描之後經過修復處理，仍存原式，少數文獻由於原始底本欠佳，略有模糊之處，不影響閱讀使用。

六、本編原始底本非一時一地之出版物，原書裝幀、開本多有不同，本書彙編之後，統一爲十六開右翻本。

目録

海運續案（中）

海運續案（中）

卷三—卷四

〔清〕户部 修

清咸豐二年進呈抄本

為咨行事查海船自南赴北總以夏令以前為宜所
有明年蘇松糧道所屬漕白糧海運比較道光二十
八年米數尤多更宜趕緊籌辦相應飛咨兩江總督
江蘇巡撫漕運總督嚴飭承辦海運各員於驗收裝
兌一切事宜務須提前趕辦一俟裝兌齊全即飭看
定風色催令放洋長行連帆北上以期四月以前悉
數抵津早達
天庾事關重大該督撫等自必迅速辦理及早蕆事慎勿
稽遲於事前貽誤於事後致令京糈重項或有意外
之虞可也

海運續案 [illegible] 壬子卷三

為咨行事查白糧一項係供
內廷及光祿寺等項應用理宜倍加愼重向俱裝載麻
袋堆架船艙以便透氣免致發熱霉變道光二十八
年辦理海運內白糧一項及本年白糧海運均係如
此辦理所有明年蘇松糧道所屬白糧海運自宜遵
照妥辦相應飛咨兩江總督江蘇巡撫轉飭承辦各
員諄切曉諭各該商船務將白糧全裝麻袋堆架船
艙毋得散放在艙致令氣鬱不宣發熱變色儻有疎
率以致抵津交收掣肘往返駁換惟承辦各該員是
問事關

內廷應用萬勿稍存大意可也

為咨行事本部於道光二十七年十一月議覆海運
摺內欽奉
上諭所有道光二十八年蘇州松江太倉二府一州漕白糧米
改有海運其漕糧米石務令完交一色乾潔粳米不准稍
有攙雜白糧一項亦著普律乾潔等因欽此欽遵辦理在
案查蘇松糧道所屬漕糧例應兌收乾圓潔淨一律
粳米迥非捐輸米石秈粳並納可比白糧一項尤宜
乾潔若有色質柔嫩及秈米攙雜臨時駁換則往返
耽延遲誤入倉則不堪儲蓄所有明年蘇松糧道所
屬漕白糧米海運務須兌交一色乾潔之米不准稍

有柔嫩攙雜致令抵京交收掣肘相應飛咨兩江總督江蘇巡撫漕運總督嚴飭所屬實力奉行倘經徵州縣及監兌各官稍有踈率不免柔嫩潮潤及私糠攙雜祇有奏明駁換立飭補運並將經徵及監兌各員嚴行參處其水腳銀兩即著落該員等照數賠補斷不能將就起卸至江蘇應解天津用款並令先期解交天津道庫預備撥價等項之用萬勿遲誤可也

咸豐元年十二月十二日 先行

爲咨明事咸豐二年二月初一日准總督倉場咨據坐糧廳呈稱查道光六年海運案內經戶部議准照置袋例添置口袋五萬條木斛一百隻均於通庫經費項下給發以備帶津露囤起卸應用事竣報部覈辦在案迨道光二十八年海運案前任堂台接准戶部咨照道光六年成案仍添置口袋五萬條舊存木斛一百隻因歷年久除尚堪修整者十五隻餘俱骫朽請添造八十五隻以備應用亦在案但本年海運四府一州漕白米數較多倘遇蜂擁而來勢必在津露囤尤須多備口袋方免貽誤職等再四籌畫惟有

仍照上兩屆成案添置口袋五萬條以備急需請祈
堂台鑒覈示遵俾得預為趕辦等情前來查上屆海
運案內循照舊章添置口袋五萬條未辦露囤均未
動用現在通濟庫經費支絀亦應撙節所有此次海
運循例添置口袋一節擬以毋庸備辦是否可行相
應咨明本部查照等因前來　查上兩屆海運案
內添置口袋五萬條以備帶津露囤起卸應用均因
起卸露囤事涉紛繁未經舉行是以口袋均未動用
本屆辦理海運既據倉場咨稱現在經費支絀亦應
撙節所有循例添置口袋一節擬以毋庸備辦等語

自係為撙節經費起見應如所咨辦理惟露囤既未豫籌剝運尤宜迅速查二十八年正月本部議覆直隸總督籌議海運事宜一摺內稱剝船抵通交卸按照海運每日起米章程計算每四萬石不過一日即可起卸清兌通壩誠能一到即驗一驗即收則剝船得以迅速回空輪轉裝載自不致有剝運不及之虞等因遵辦在案應仍咨倉場諄飭坐糧廳於剝船抵通之時務即趕緊驗收俾剝船迅速回空藉資周轉不得稍有稽遲積壓以致臨時周章貽誤漕務可也

為飛咨事本部查二月二十一日由內閣抄出直隸
總督片奏派委道員駐津會辦海運緣由一摺內稱
南糧海運曾有奏定章程上屆即係循照舊章並無
應行變通之處等語查上屆海運江蘇督撫酌定辦
理章程摺內奏稱上屆剝船食米係給發折色經紀
耗米係收買沙船餘米本屆海運應請備帶本色等
語經本部議准並聲明剝船經紀如有分賠之案經
紀項下例在於耗米內計除其剝船項下作何辦理
之處應令直隸總督諄屬詳查妥議務使米歸有著
不准顆粒延欠等因奏准並行知在案現在尚未據該

督將剝船項下若有應賠米石如何詳查妥議俾歸
有著之處詳細報部相應飛咨直隸總督迅將剝船
項下妥議章程報部查覈以便移咨
欽差驗米大臣查照辦理毋任疎忽於事前周章於事後
並劄行天津道可也

江蘇巡撫楊文定為詳請事據署蘇州布政使岳興阿詳稱竊照蘇松常鎮太五府州屬咸豐二年海運元年分漕白糧米遵

旨籌議改由海運業經援案酌提向年給幫津貼作為南北一切經費以備夫用並籌議運解章程詳蒙派委蘇松糧道前往天津督辦交米事宜一併具

奏在案現准蘇糧道來咨查上屆海運舊章除輕賫內閘竹木等項照例由道批解外其餘天津官剝民剝座價及通倉經紀夫役飯食等項均由蘇省籌備解交天津道庫由江蘇交米委員會同直隸委員按照

起運米數分别支應此次
奏明照案辦理惟通倉應給個兒錢一款向由本道衙
門在於旗丁領款內扣存交總運廳員帶解赴北本
與輕齎由閘竹木等款無異應請仍照河運章程由
本道自行領解轉給外其餘剩價等款約需京平銀
一十三萬兩咨請分批解儲天津道庫早日起程北
上俟到津後會同直隸省委員查照例案支用等因
前來查有委赴天津聽候差遣人員堪以即飭管解
茲本署司擬派金匱縣主簿王汝金領解第一批銀
四萬四千兩九四折實銀四萬一千三百六十兩計

裝四十一鞘蘇州府知事孫承履領解第二批銀四萬三千兩九四折實銀四萬四百二十兩計裝四十鞘候補道庫大使魯鴻飛領解第三批銀四萬三千兩九四折實銀四萬四百二十兩計裝四十鞘統共銀一十三萬兩九四折實銀一十二萬二千二百兩前赴天津道衙門交收備用除劄飭該員等赴司領銀起解外相應由司填具蘇字一千四十二三四號司批三張呈送掛號繕具兵牌摘牌劄文一併飭發以憑轉給齎解並請飛移直隸總督山東巡撫飭行沿途營汛州縣派撥妥幹員弁選撥勁兵加謹護送

其應用勘合現移臬司衙門填用合併聲明除分別給文委員王汝金等飭令解赴天津道查收外相應咨明為此合咨

貴部請煩查照施行須至咨者

咸豐二年二月二十七日咨

為詳請事咸豐二年二月二十七日准江蘇巡撫楊
文定咨據署蘇州布政使岳興阿詳稱竊照蘇松常
鎮太五府州屬咸豐二年海運元年分漕白糧米遵
旨籌議改由海運業經援案酌提向年給幫津貼作為南
北一切經費以備支用並籌議運解章程詳蒙派委
蘇松糧道前往天津督辦交米事宜一併具奏在案
現准蘇糧道來咨查上屆海運舊章除經費由閘竹
木等項照例由道扺解外其餘天津官剝民剝雇價
及通倉經紀夫役飯食等項均由蘇省籌備解交天
津道庫由江蘇交米委員會同直隸委員按照起運

米數分别支應此次奏明照案辦理惟通倉應給箇兒錢一款向本道衙門在於旗丁領款內扣存交總運廳員帶解赴北本與輕齎由閘竹木等款無異應請仍照河運章程由本道自行領解轉給外其餘剝價等款約需京平銀一十三萬兩咨請分批解備天津道庫早日起程北上俟到津後會同直隸省委員查照例案支用等因前來查有委赴天津聽候差遣人員堪以即飭管解玆本署司擬派金匱縣主簿王汝金領解第一批銀四萬四千兩九四折實銀四萬一千三百六十兩計裝四十一鞘蘇州府知事孫承

履領解第二批銀四萬三千兩九四折實銀四萬四百二十兩計裝四十鞘候補道庫大使魯鴻飛領解第三批銀四萬三千兩九四折實銀四萬四百二十兩計裝四十鞘統共銀一十三萬兩九四折實銀一十二萬二千二百兩前赴天津道衙門交收備用除劄飭該員等赴司領銀起解外相應由司填具蘇字一千四十二三四號司批三張呈送掛號繕具兵牌捐牌劄交一併飭發以憑轉給齎解並請飛移直隸總督山東撫院飭行沿途營汛州縣派撥妥幹員弁選撥勁兵加謹護送其應用勘合現移臬司衙門填用

合並聲明除分別給文委員王汝金等飭令解赴天津道查收外相應咨明等因前來　相應移行驗米大臣直隸總督總督倉場並劄行天津道查照可也

直隸署天津鎮天津道為呈報事案蒙
憲劉海運漕糧沙船抵津迅即報部等因茲本署職於
咸豐二年三月初一日據署大沽協副將李志和稟
據左海兩營都守轉據導引哨船外委高作霖等稟
報探有江蘇省海運漕糧沙船一隻船名張義興裝
運松江府青浦縣漕米八百六十石於本月初一日
駛抵大沽海口攔江沙外即於是日乘潮進口請查
覈等情據此職道亦據海防同知高應元海口委員
葛沽巡檢樓東淇等報同前由除通報外擬合具文
呈報

大部查覈再清河道譚現在差次尚未到津不及會
銜合併聲明爲此備由具呈伏乞
照驗施行須至呈者

為呈報事咸豐二年三月初四日據署天津鎮道等
呈報海運漕糧沙船一隻船名張義興裝運松江府
青浦縣漕米八百六十石於本月初一日駛抵大沽
海口攔江沙外即於是日乘潮進口呈報前來　相
應知照
欽差驗米大臣總督倉場查照辦理並劄行該鎮道嗣後
續有沙船抵津信息迅即呈報本部以憑覈辦可也

為飭查事前於咸豐二年三月初四日據天津鎮道等呈報海運沙船一隻於本月初一日駛抵大沽海口攔江沙外即於是日乘潮進口等因當經本部覈辦在案迄今十有餘日未據續報進口船隻相應飛劄天津鎮道即飭查明現在有無續到沙船迅速報部以憑查覈嗣後如有沙船抵津隨到隨報不必拘定五日彙報可也

卷三 十三

貴州司為呈請事咸豐二年二月十八日據山海關
監督哈當阿呈稱本年二月接准江蘇巡撫咨據上
海海運總局委員詳稱商船郁森盛等禀稱道光六
年籌辦海運准帶二成貨物緣直隸天津口向無大
賈貿易未能悉數銷售須轉往奉天牛莊口易貨奏
明免稅迨上屆二十八年海運漕糧上海出口免稅
悉照六年成案准抵京卸米即奉押出所有准帶二
成免稅貨物仍須轉往奉天及船抵牛莊報關查驗
據胥役聲稱未奉明文免稅仍應完納現屆又奉海
運商等值差承運而准帶二成免稅貨物仍轉往奉

天易貨第恐該關胥役藉稱未奉明文推諉羈延不堪待候求請核咨示諭等情到局據此理合具文分咨山海關出示曉諭等情到院據此相應知會山海關監督查照核辦等因查道光六年海運係該省奏准免稅並給有運米商船護照黏單聲明免其二成之稅又復奉有部文是以免其納稅復查道光二十八年海運亦係該省奏請因未奉有部覆又運米商船並無確據黏單所有免稅二成仍照例徵收今該省既未奏准又未奉到部文未敢率行據咨擅准免稅且該商承運南糧又不將二成貨數呈請給發照

単意存取巧藉此影射偷漏如商船應行免税祈即
示指如有護照黏単商船免其納税如無護照黏単
仍應一體納税明文示覆俾得有所遵循至於未奉
部文以前各口船隻謹擬援照道光二十八年成案
先行一體徵收俟奉到部示再為遵辦伏乞查照示
覆等因前來查道光六年海運漕糧前經兩江總督
奏請每船准其八成載米酌留二成搭載貨物並由
海關查明免税放行計數請豁税額但不得過二成
之數其自關東運豆回南仍照例輸税以重關課又
於二十八年兩江總督李星沅片奏商船二成載貨

由海關查明免税計數請豁税額聲明係粟米千石准帶貨二百石論石而不論價如有二成以外之貨在天津銷售則在天津納税在關東銷售則在關東納税歷經遵辦在案今據山海關監督呈稱查道光六年海運係該省奏准免税並給有糧應商船護照黏單是以免其納税今該商承運南現據否免税呈請部示等因當經付查雲南司去後運章雲南司覆稱此次海運係照道光二十八年海運章程辦理二十八年係照道光六年章程辦理至商船護照係由蘇省自行給發等語查道光六年暨二十八年海運

商船八成載米二成載貨均准其免稅此次辦理海
運自應仍照舊章辦理應飛咨兩江總督江蘇巡撫
出示曉諭即於該商等起運時查照道光六年成案
發給護照船單以憑山海關查驗並劄行山海關監
督遇有該商船到口即驗明護照將裝載二成貨物
免稅放行如有二成以外之貨仍照例納稅並嚴禁
胥役人等不得留難勒索致誤再運再查海運案內
經過各關免徵稅課均准其作正開除歷經奏准有
案此次山海關免過二成貨物稅數亦應准其作正
開除仍令該監督於奏報關滿稅數摺內聲明辦理

並將免過稅銀數目造具細冊專案送部查核並付

知雲南司可也

咸豐二年三月十一日到

為知照事咸豐二年三月十一日准貴州司將山海
關呈稱江蘇運米沙船轉往奉天牛莊口易貨應否
免税呈請部示一案辦結付知前來 除應行各
處由貴州司自行知照外相應抄録原案飛咨驗米
大臣查照可也
咸豐二年三月十三日飛咨

卷三
十七

直隸總督訥爾經額為會議詳覆事據布政使陳啓
邁清河道譚廷襄天津道張起鵷會呈稱蒙太子太
保協辦大學士兵部尚書直隸總督部堂訥　劄
開咸豐二年二月二十七日准戶部咨雲南司案呈
本部查二月二十一日由內閣抄出直隸總督片奏
派委道員駐津會辦海運緣由一摺內稱南糧海運
曾有奏定章程上屆即係循照舊章並無應行變通
之處等語查本屆海運江蘇督撫酌定辦理章程摺
內奏稱上屆剝船食米係發給折色經紀耗米係收
買沙船餘米本屆海運應請備帶本色等語經本部

議准並聲明剝船經紀如有分賠之案經紀項下例在於耗米內計除其剝船項下作何辦理之處應令直隸總督諄嘱詳查妥議務使米歸有著不准顆粒延欠等因奏准並行知在案現尚未據該督將剝船項下若有應賠米石如何詳查妥議俾歸有著之處詳細報部相應飛咨直隸總督迅將剝船項下妥議章程報部查覈以便移咨

欽差驗米大臣查照辦理毋任踈忽於事前周章於事後並劄行天津道可也等因咨行到職道天津道移會到本司布政同職道清河道蒙此遵查本年戶部議

覆江省具奏蘇松等屬漕白糧米全由海運酌定章程原摺內載此次漕糧抵津仍照舊章由驗米大臣會同倉場坐糧廳直隸江蘇各委員眼同查驗明確如係好米即由坐糧廳取具該經紀米色乾潔米數無虧切結督令斛收由經紀自派親信妥人押運交倉如剝船在路有偷漏攙和等弊立即稟知押運員弁拏交州縣責令剝船賠補治以應得之罪如經紀索費不遂故縱使水偷漏然後稟明減惢及通同作弊分肥隱匿不稟經押運委員查出或別經發覺應責令經紀剝船分成賠補並各治以應得之罪等語

是剝船偷漏攙和經紀查出稟明員弁則罪在剝船如經紀索費不遂故縱使水偷漏然後稟明洩忿及通同作弊分肥隱匿不稟經押運員弁查出或別經發覺則罪在經紀兼在剝船界限清晰遇有分賠之案經紀剝船不容稍有諉卸至於米因盤量折耗經紀剝船均無弊竇應行作何辦理之處雖未議及而溯查道光六年戶部議覆前督院那　奏議剝運事宜內載漕米落艙起岸折耗在所不免剝船戶並無弊混該經紀人役不得藉詞勒掯又議覆前倉場總督百　議奏起卸章程內載向年北倉截卸漕糧每

米一石給耗米一升海運漕糧或對船起卸或過斛搬抗折耗較多准於每石一升之外酌添耗米五合白糧每石准給耗米一升八合各等語蓋由津運通較北倉稍遠是以增給耗米藉資彌補此次海運江省議奏剝船經紀食耗等米備帶本色一條亦稱經紀耗米係備赴通折耗之需是折耗有米可補無慮短絀第剝船戶人等無弊不作若不明定章程必致藉口折耗以掩其偷漏之弊本司道會同悉心衆議擬請此次海運漕白糧米由津赴通如實因對船起卸過斛搬抗致有折耗剝船戶並無弊混漕白糧米

每石所短之米未過一升五合及一升八合之數即在經紀耗米内扣抵倘漕米每石短米一升五合以上白糧每石短米在一升八合以上除以應得耗米扣抵之外下短米石應即遵照部議如係剝船偷漏攙和經紀查出稟明押運員弁則責令剝船賠補並治以應得之罪如經紀索費不遂故縱使水偷漏然後稟明挾忿及通同作弊分肥隱匿不稟經押運委員查出或別經發覺則責令經紀剝船各半分賠並各治以應得之罪經紀剝船分賠之米分別着追交倉不許顆粒延欠抑本司道更有請者剝船戶類皆

無業貧民與其追賠於事後致費周章不若慎重於事前期有把握二十八年海運案内剝船分賠短米將船戶遞回天津懲處者均照數在於船戶名下追繳其發交通州及解送刑部治罪之船戶均因無憑追繳由直隸海運總局賠補受累非輕伏查剝船戶於應得剝價之外每百石另給本色食米一石一斗五升較有贏餘應請將船戶所得食米於剝船内另艙存放抵通後正米無虧准其將食米領用如有分賠米石即令該船戶以食米補交免致事後追繳為難若以食米補交之外仍有不敷即將剝船戶發回

卷三　二十一

天津由職道等照例分別治罪並在於船戶名下追

繳米石運通交倉務期賠米有着正供無虧所有會

議緣由是否允協擬合詳請查覈俯賜咨部覈覆遵

行實為公便等情到本閣督部堂據此相應咨明為

此合咨貴部煩請查照覈覆施行須至咨者

咸豐元年三月十五日到

江蘇巡撫楊文定爲詳請咨明事據署蘇州布政使岳興阿署蘇州按察使吳葆晉蘇州督糧道倪良耀蘇松太道吳健彰會詳稱竊照蘇省今屆咸豐元年漕白糧米議行海運所有赴津交米事宜現奉奏派職糧道前往經理其在津辦理一切文移應即以道印帶往鈐用隨帶經理之候補知府洪玉珩候補同知王家佩朱鈞梁逢辰候補知縣吳煦並隨帶赴津差遣之糧道庫大使徐森培金匱縣主簿王汝金周莊司巡檢何本忠候補道庫大使魯鴻飛蘇州府知事孫承履候補布經歷高鏡涵等循照上屆道光二

十七年成案飭令各刊正字鈐記印用以昭信守相
應具文詳候咨明倉場各部直隸督院查照等情到
本部院據此除分咨外相應咨達為此合咨
貴部請煩查照施行須至咨者

為詳覆事咸豐二年三月十五日准直隸總督訥爾經額咨據布政使陳啓邁清河道譚廷襄天津道張起鵷會呈稱案准部咨直隸總督片奏派委道員駐津會辦海運緣由一摺內稱南糧海運曾有奏定章程上屆即係循照舊章並無應行變通之處等語查本屆海運江蘇督撫酌定辦理章程摺內奏稱上屆剝船食米係發給折色經紀耗米係收買沙船餘米本屆海運應請備帶本色等語經本部議准并聲明剝船經紀如有分賠之案經紀項下例在於耗米內計除其剝船項下作何辦理之處應令直隸總督詳

囑詳查妥議務使米歸有著不准顆粒延欠等因奏
准並行知在案現未據該督將剝船項下若有應賠
米石如何詳查妥議俾歸有著之處詳細報部相應
飛咨直隸總督迅將剝船項下妥議章程報部查覈
以便移咨
欽差驗米大臣查照辦理等因咨行到職道天津道移會
到本司布政使職道清河道蒙此遵查本年戶部議
覆江省具奏蘇松等屬漕白糧米全由海運酌定章
程原摺内載此次漕糧抵津仍照舊章由驗米大臣
會同倉場坐糧廳直隸江蘇各委員眼同查驗明確

如係好米即由坐糧廳取具該經紀米色乾潔米數
無虧切結督令斛收由經紀自派親信妥人押運交
倉如剝船在路有偷漏攙和等弊立即稟知押運員
弁咨交州縣責令剝船賠補治以應得之罪如經紀
索費不遂故縱使水偷漏然後稟明滋忿及通同作
弊分肥隱匿不稟經押運委員查出或別經發覺應
責令經紀剝船分成賠補並各治以應得之罪等語
是剝船偷漏攙和經紀查出稟明員弁則罪在剝船
如經紀索費不遂故縱使水偷漏然後稟明滋忿及
通同作弊分肥隱匿不稟經押運員弁查出或別經

發覺則罪在經紀兼在剝船界限清晰遇有分賠之案經紀剝船不容稍有諉卸至於米因盤量折耗經紀剝船均無弊竇應行作何辦理之處雖未議及而溯查道光六年戶部議覆前督院那　等議剝運事宜內載漕米落艙起岸折耗在所不免剝船戶並無弊混該經紀人役不得藉詞勒掯又議覆前倉場總督百　議奏起卸章程內載向年北倉截卸漕糧每米一石給耗米一升海運漕糧或對船起卸或過斛搬抗折耗較多准於每石一升之外酌添耗米五合白糧每石准給耗米一升八合各等語蓋由津運通

較北倉稍遠是以增給耗米藉資彌補此次海運江省議奏剝船經紀食耗等米備帶本色一條亦稱經紀耗米係備赴通折耗之需是折耗有米可補無虞短絀第剝船戶人等無弊不作若不明定章程必致藉口折耗以掩其偷漏之弊本司道會同悉心覈議擬請此次海運漕白糧米由津赴通如實因對船起卸過斛撇抗致有折耗剝船戶並無弊混漕白糧米每石所短之米未逾一升五合及一升八合之數即在經紀耗米內扣抵償漕米每石短米在一升五合以上白糧每石短米在一升八合以上除以應得耗

米扣抵之外下短米石應即遵照部議如係剝船偷漏攙和經紀查出稟明押運員弁則責令剝船賠補並治以應得之罪如經紀索費不遂故縱使水偷漏然後稟明洩忿及通同作弊分肥隱匿不稟經押運委員查出或別經發覺則責令經紀剝船各半分賠並各治以應得之罪經紀剝船分賠之米分別著追交倉不許顆粒延欠抑本司道更有請者剝船戶類皆無業貧民與其追賠於事後致費周章不若慎重於事前期有把握二十八年海運案內各船分賠短米將船戶遞回天津懲處者均照數在於船戶名下

追繳其發交通州及解送刑部治罪之船戶均因無憑追繳由直隸海運總局賠補伏查剝船戶於應得剝價之外每百石另給本色食米一石一斗五升較有贏餘應請將船戶所得食米於剝船內另艙存放抵通後正米無虧准其將食米領用如有分賠米石即令該船戶以食米補交免致事後追繳為難若以食米補交之外仍有不敷即將剝船戶發回天津由職道等照例分別治罪並在於船戶名下追繳米石運通交倉務期賠米有著正供無虧擬合詳請查覈咨部覈覆等情相應咨明等因前來　查江蘇咸

豐二年海運漕白糧米前據直隸總督附奏派委道員駐津會辦摺内聲稱南糧海運曾有奏定章程上届即係循照舊章並無應行變通之處經本部以本届海運江蘇督撫酌定辦理章程摺内奏稱上届剝船食米係發給折色經紀耗米係收買沙船餘米本届海運應備帶本色經本部議准並聲明剝船經紀如有分賠之案經紀項下例在耗米内計除其剝船項下作何辦理行令直隸總督諄飭詳查妥議章程報部覈辦在案今據直隸總督咨稱此次海運漕白糧米由津運通如實因對船起卸過斛撥抗致有折

耗剝船戶並無弊混漕白糧米每石所短未逾一升五合及一升八合之數即在經紀耗米内扣抵償漕白糧米所短均逾應得之數除以應得耗米扣抵外下短米石如係剝船偷漏經紀查出稟明押運員弁責令剝船賠補如經紀索費不遂故縱使水偷漏然後稟明洩忿或通同作弊分肥隱匿不稟經押運委員查出或別經發覺責令經紀剝船各半分賠並各治以應得之罪分賠之米分別著追交倉並請將剝船每百石應得本色食米一石一斗五升於剝船内另飭存放抵通後正米無虧准其將食米領用如有

卷三 二十七

分賠即令該船戶以食米補交如仍有不敷將剝船戶發回天津分別治罪著追運通交倉務期賠米有著正供無虧等語查海運漕白糧米由津運通剝船如有應賠之項既據該督妥議章程詳細報部應如所咨即飭該道等將剝船食米另艙存放俟抵通時正米無虧方准領用如有應賠米石即將食米補交若再不敷除發回該道照例治罪外仍將所虧米石由該道追繳足數以重倉儲惟所稱剝船起卸漕白糧米每石未逾一升五合及一升八合之數即在經紀耗米內扣抵之處本部查耗米一項本係經紀領用

留抵折耗之需抵有贏餘留補挐欠上屆業已辦理在案至剝船戶剝價之外本有食米一項今以剝船所虧短從經紀應得之耗米內扣除若經紀有虧短又將何以抵補所咨殊未允協且查歷屆海運並無經紀爲剝船代扣之案應仍咨該督即飭遵照上屆成案認真辦理如剝船戶並無弊混該經紀人役不得藉詞勒掯如實有攙和偷漏等弊即遵照上屆分賠獨賠之案覈實追補總期米歸有著正供無虧是爲至要並飛咨

欽差驗米大臣查照暨知照總督倉場飛劄清河天津道

可也

江蘇巡撫楊文定為詳請咨明事據署蘇州布政使
岳興阿詳稱竊照蘇省咸豐二年海運元年分漕白
糧米案內赴津交兌事宜前蒙
奏派蘇糧道隨帶候補知府洪守等前往經理其在津
辦理一切文移應否即以道印帶往鈐用抑照歷屆
海運成案仍由司庫借給押運關防並隨帶各員是
否循案毋須另刊鈐記之處當經本署司會同各司
道詳請覈示分咨奉以倪道赴津即以道印帶往鈐
用隨帶各員照案各給鈐記現經據詳分咨等因批
飭遵照在案茲奉會劄蘇糧道篆務查有署臬司吳

藩晉堪以兼署並經蘇糧道稟奉院臺批司即將庫備押運關防一顆速即委員賫送倪道祗領一面飭詳請咨等因各到司奉此本署司伏查蘇糧道篆務既蒙另委臬司兼署其倪糧道赴津辦理文移自應仍用押運關防隨帶各員勿須另刊鈐記除行知各委員遵照並將庫儲蘇州府押運關防一顆於二月十四日委員賫送倪道祗領行用外相應詳候咨明

吏戶部暨

欽差驗米大臣並

倉場部堂
直隸督院查照實為公便等情到本部院據此除分

咨外相應咨達為此合咨

貴部請煩查照施行須至咨者

咸豐二年三月二十五日到

卷三

三十

為詳請咨明事咸豐二年三月二十五日準江蘇巡撫楊　咨據署蘇州布政使岳興阿詳稱竊照蘇省咸豐二年海運元年分漕白糧米案内赴津交兑事宜前蒙奏派蘇糧道隨帶候補知府洪守等前往經紀其在津辦理一切文移應否即以道印帶往鈐用抑照歷屆海運成案仍由司庫借給押運關防並隨帶各員是否循案毋須另刊鈐記之處常經本署司會同各司道詳請横示分咨奉以俟道赴津即以道印帶往鈐用隨帶各員照案各給鈐記現經據詳分咨等因批飭遵照在案兹奉會劄蘇糧道蒙務查

有署臬司吳葆晋堪以兼署並經蘇糧道稟奉院臺
批司即將庫儲押運關防一顆速即委員賫送倪道
祇領一面敘詳請咨等因各到司奉此本署司伏查
蘇糧道篆務既蒙另委臬司兼署其倪糧道赴津辦
理文移自應仍由押運關防隨帶各員毋須另刊鈐
記除行知各委員遵照並將庫儲蘇州府押運關防
一顆於二月十四日委員賫送倪道祇領行用外相
應詳候咨明吏部暨驗米大臣並總督倉場直隸總
督查照實為公便等情除分咨外相應咨達等因前
來　相應移咨吏部驗米大臣總督倉場直隸總

督並劄行天津清河道查照可也

卷三

三十二

直隸總督訥爾經額爲咨明飭遵事據清河道譚廷襄天津道張起鵷會呈稱咸豐二年三月二十日蒙

戸部劄開爲詳覆事雲南司案呈准直隸總督訥咨據布政使陳啓邁清河道譚廷襄天津道張起鵷會呈稱蒙准部咨直隸總督片奏派委道員駐津會辦

海運緣由一摺内稱南糧海運曾有奏定章程上屆即係循照舊章並無應行變通之處等語查本屆海

運江蘇督撫酌定辦理章程摺内奏稱上屆剥船食米係發給折色經紀耗米係收買沙船餘米本屆海

運應請備帶本色等語經本部議准並聲明剥船經

糺如有分賠之案經糺項下例在於秏米內計除其剥船項下作何辦理之處應令直隸總督轉飭詳查妥議務使米歸有着不准顆粒延欠等因奏准並行知在案現尚未據該督將剥船項下若有應賠米石如何詳查妥議俾歸有著之處詳細報部相應飛咨直隸總督迅將剥船項下妥議章程報部查覈以便移咨

欽差驗米大臣查照辦理等因咨行到職道天津道移會到本司布政司職道清河道蒙此遵查本年户部議覆江省據奏蘇松等屬漕白糧米全由海運酌定章

程原摺內載此次漕糧抵津仍照舊章由驗米大臣會同倉場坐糧廳直隸江蘇各委員眼同查驗明確如係好米即由坐糧廳取具該經紀米色乾潔米數無虧切結督令斛收由經紀自派親信妥人押運交倉如剝船在路有偷漏攙和等弊立即稟知押運員弁拏交州縣責令剝船賠補治以應得之罪如經紀豢費不遂故縱使水偷漏然後稟明淺忿及通同作弊分肥隱匿不稟經押運委員查出或別經發覺應責令經紀剝船分成賠補並各治以應得之罪等語是剝船偷漏攙和經紀查出稟明員弁則罪在剝船如

經紀索貲不遂故縱使水偷漏然後東明洩忿及通
同作弊分肥隱匿不稟經押運員弁查出或別經發
覺則罪在經紀兼在剝船界限清晰過有分賠之案
經紀剝船不容稍有諉卸至於米因盤量折耗經紀
剝船均無弊竇應行作何辦理之處雖未議及而溯
查道光六年户部議覆前督院那　　籌議剝運事
宜內載漕米落艙起岸折耗在所不免剝船户並無
弊混該經紀人役不得藉詞勒措又議覆前倉場總
督百　　議奏起卸章程內載向年北倉截卸漕糧
每米一石給耗米一升海運漕糧或對船起卸或過

斛搬抗折耗較多准於每石一升之外酌添耗米五合白糧每石准給耗米一升八合各等語蓋由津運通較北倉稍遠是以增給耗米藉資彌補此次海運江省議奏剝船經紀食耗等米備帶本色一條亦稱經紀耗米係備赴通折耗之需是折耗有米可補無虞短絀第剝船户人等無弊不作若不明定章程必致藉口折耗以掩其偷漏之弊本司道會同悉心覈議擬請此次海運漕白糧米由津赴通如實因對船起卸過斛搬抗致有折耗剝船户並無弊混漕白糧米每石所短之米未逾一升五合及一升八合之數

即在經紀耗米內扣抵儻漕米每石短米在一升五合以上白糧每石短米在一升八合以上除以得耗米扣抵之外下短米石應即遵照部議如係剥船偷漏攙和經紀查出稟明押運員弁則責令剥船賠補並治以應得之罪如經紀索費不遂故縱使水偷漏然後稟明洩忿及通同作弊分肥隱匿不稟經押運委員查出或别經發覺則責令經紀剥船各半分賠並各治以應得之罪經紀剥船分賠之米分别著追交倉不許顆粒延欠抑本司道更有請者剥船户類皆無業貧民與其追賠於事後致費周章不若慎重

於事前期有把握二十八年海運案內剝船分賠短米將船户遞回天津懲處者均照數在於船户名下追繳其發交通州及解送刑部治罪之船户均因無憑追繳由直隸海運總局賠補伏查剝船户於應得剝船之外每百石另給本色食米一石一斗五升較有盈餘應請將船户所得食米於剝船內另艙存放抵通之後正米無虧准其將食米領用如有分賠米石即令該船户以食米補交免致事後追繳為難若以食米補交之外仍有不敷即將剝船户發回天津由職道等照例分別治罪並在於船户名下追繳米

石運通交倉務期賠米有着正供無虧擬合詳請查覈咨部覈覆等情相應咨明等因前來查江蘇咸豐二年海運漕白糧米前據直隸總督附奏派委道員駐津會辦摺内聲稱南糧海運曾有奏定章程上屆即係備照舊章並無應行變通之處經本部以本屆海運江蘇督撫酌定辦理章程摺内奏稱上屆剩船食米係發給折色經紀耗米係收買沙船餘米本屆海運應給備帶本色經本部議准並聲明剩船經紀如有分賠之案經紀項下例在耗米内計除其剩船項下作何辦理行令直隸總督轉飭詳查妥議章程

報部覈辦在案今據直隸總督咨稱此次海運漕白糧米由津運通如實因對船起卸過斛撥抗致有折耗剝船戶並無弊混漕白糧米每石所短米適一升五合及一升八合之數即在經紀耗米內扣抵倘漕白糧米所短均適應得之數除以應得耗米扣抵外下短米石如係剝船偷漏經紀查出稟明押運員弁責令剝船賠補如經紀索費不遂故縱使水偷漏然後稟明洩忿或通同作弊分肥隱匿不稟經押運委員查出或別經發覺責令經紀剝船各半分賠並各治以應得之罪分賠之米分別著追交倉並請將剝

船每百石應得本色食米一石一斗五升於剝船內另艙存放抵通後正米無虧准其將食米領用如有分賠即令該船戶以食米補交如仍有不敷將剝船戶發回天津分別治罪著追運通交倉務期賠米有著正供無虧等語查海運漕白糧米由津運通剝船如有應賠之項既據該督妥議章程詳細報部應如所咨即飭該道等將剝船食米另艙存放俟抵通時正米無虧方准領用如有應賠米石即將食米補交若再不敷除發回該道照例治罪外仍將所虧米石由該道追交足數以重倉儲惟所稱剝船起卸漕白

糧米每石未逾一升五合及一升八合之數即在經紀耗米内扣抵之處本部查耗米一項本係經紀領用留抵折耗之需抵有盈餘留補虧欠上屆業已辦理在案至剥船户剥價之外本有食米一項今以剥船所虧短從經紀應得之耗米内扣除若經紀有虧短又將何以抵補所咨殊未允協且查歷屆海運並無經紀為剥船代扣之案應仍咨該督即飭遵照上屆成案認真辦理如剥船户並無弊混該經紀人役不得藉詞勒捐如實有攙和偷漏等弊即遵照上屆分賠獨賠之案覈實追補總期米歸有著正供無虧

是為至要並飛劄清河道天津道可也等因蒙此遵查海運漕糧每石耗米一升五合白糧每石耗米一升八合本係仿照北倉截卸章程酌議增給以備由津赴通折耗之用似難留補由津運通之掣欠且由津運通由道運京均係該經紀承辦承交運京之虧短既以耗米留補運通之虧短轉不以耗米扣抵似亦未歸畫一惟掣欠之米彌補無期現奉

戶部以耗米係經紀領用祗有盈餘留補掣欠所有剥船虧短行令遵照上屆分賠獨賠之案覈實追補自應查核追補章程分晰聲明以杜諉卸而資遵守

復查由津運通米石虧短原定獨賠分賠章程界限本自明晰惟現將剝船食米飭令另艙存放隨同正米運通以備扣抵若正米虧短概將食米全行扣抵易滋牽混職道等悉心酌覈擬請於剝船抵通後由坐糧廳先儘正米斛收正米無虧即准剝船戶將食米領用如有虧短係經紀在途查出剝船舞弊稟明押運員弁有案者應按照舊章責令剝船獨賠先儘所短數目以食米扣抵若經紀在途並未查出剝船舞弊稟明押運員弁有案者到壩始經發覺按照舊章責令經紀剝船各半分賠經紀分賠之米在耗米

內抵除剩船分賠之米在食米內抵交抵剩之米仍
給領用如不敷抵再行發回天津補追如此分別辦
理庶米歸有著正供可期無虧除詳明
欽憲外擬合具文詳請查核俯賜移咨
欽憲轉飭通壩坐糧廳查照遵辦實為公便等情到本閣
督部堂據此除分咨外相應咨明為此合咨
貴部煩請查照施行須至咨者
咸豐二年四月十八日到

為咨明事咸豐二年四月十八日據准直隸總督訥爾
經額咨據清河道譚廷襄天津道張起鵷會呈稱蒙
部劄查江蘇咸豐二年海運漕白糧米前據直隸總
督附奏派 委道員駐津會辦摺內聲稱南糧海運
曾有奏定章程上屆即係循照舊章並無應行變通
之處經本部以本屆海運江蘇督撫酌定辦理章程
摺內奏稱上屆剝船食米係發給折色經紀耗米係
收買沙船餘米本屆海運應給備帶本色經本部議
准並聲明剝船經紀如有分賠之案經紀項下例在
耗米內計除其剝船項下作何辦理行令直隸總督

諄飭詳查妥議章程報部覈辦在案今據直隸總督咨稱此次海運漕白糧米由津運通如實因對船起卸過斛搬抗致有折耗剝船戶並無弊混漕白糧米每石所短米適一升五合及一升八合之數即在經紀耗米內扣抵償漕白糧米所短均適應得之數除以應得耗米扣抵外下短米石如係剝船偷漏經紀查出稟明押運員弁責令剝船賠補如經紀索費不遂故縱使水偷漏然後稟明洩忿或通同作弊分肥隱匿不稟經押運委員查出或別經發覺責令經紀剝船各半分賠並各治以應得之罪分賠之米分別

著追交倉並請將剝船每百石應得本色食米一石一斗五升於剝船內另艙存放抵通後正米無虧准其將食米領用如有分賠即令該船戶以食米補交如仍有不敷將剝船戶發回天津分別治罪著追運通交倉務期賠米有著正供無虧等語查海運漕白糧米由津運通剝船如有應賠之項既據該督妥議章程詳細報部應如所咨即飭該道等將剝船食米另艙存放俟抵通時正米無虧方准領用如有應賠米石即將食米補交若再不敷除發回該道照例治罪外仍將所虧米石由該道追交足數以重倉儲惟

所稱剝船起卸漕白糧米每石未逾一升五合及一升八合之數即在經紀耗米内扣抵之處本部查耗米一項本係經紀領用留抵折耗之需抵有盈餘留補挈欠上屆業已辦理在案至剝船戶剝價之外本有食米一項令以剝船所虧短從經紀應得之耗米内扣除若經紀有虧短又將何以抵補所咨殊未允協且查歷屆海運並無經紀為剝船代扣之案應仍咨該督即飭遵照上屆成案認真辦理如剝船戶並無弊混該經紀人役不得藉詞勒掯如實有攙和偷漏等弊即遵照上屆分賠獨賠之案覈實追補總期米

歸有著正供無虧是為至要並飛劄清河道天津道等因遵查海運漕糧每石耗米一升五合白糧每石耗米一升八合本係仿照北倉截卸章程酌議增給以備由津赴通折耗之用似難留補由通運京之掣欠且由津運通由通運京均係該經紀承運承交運京之虧短既以耗米留補運通之虧短轉不以耗米扣抵似亦未歸畫一惟掣欠之米彌補無期現奉戶部以耗米係經紀領用抵有盈餘留補掣欠所有剝船虧短行令遵照上屆分賠獨賠之案嚴賓追補自應查數追補章程分晰聲明查由津運通米石虧短

原定獨賠分賠章程界限本自明晰惟現將剥船食米飭令另艙存放隨同正米運通以備扣抵若正米虧短概將食米全行扣抵易滋牽混贓遁等弊悉心酌覈擬請於剥船抵通後由坐糧廳先儘正米斛收正米無虧即准剥船户將食米領用如有虧短經紀在途查出剥船舞弊稟明押運員弁有案者應按照舊章責令剥船獨賠先儘所短數目以食米扣抵若經紀在途並未查出剥船舞弊稟明押運員弁有案者到壩始經發覺按照舊章責令經紀剥船各半分賠經紀分賠之米在耗米内抵除剥船分賠之数在食

米內抵交抵剝之米仍給領用如不敷抵再行發回天津補追如此分別辦理庶米歸有著正供可期無虧擬合詳請查覈移咨

欽憲轉飭通州坐糧廳查照遵辦等情相應咨明等因前來　查江蘇咸豐二年海運漕白糧米由津運通前據直隸總督咨報如剝船戶並無弊混漕白糧米每石所短未逾一升五合及一升八合之數即在經紀耗米內扣抵儻所短均逾應得之數除以應得耗米扣抵外下短米石如係剝船偷漏經紀查出稟明責令剝船賠補如經紀索費不遂故縱使水偷漏然

後稟明澳恣或通同作弊分肥隱匿不稟經押運委
員查出或别經發覺責令經紀剝船各半分賠並各
治以應得之罪分賠之米分别着追交倉並請將剝
船每百石應得本色食米一石一斗五升於剝船内
另艙存放抵通後正米無虧准其領用如有分賠即
令該船户以食米補交如仍有不敷將剝船户發回
分别治罪着追經本部以剝船食米既據該督妥議
章程另艙存放俟抵通時正米無虧方准領用如有
應賠即將食米補交若再不敷除發回該道照例治
罪外仍將所虧米石由該道追交足數惟所稱剝船

起卸漕白糧米每石未逾一升五合及一升八合之數即在經紀耗米内扣抵之處查耗米一項本係經紀領用留抵折耗之需抵有盈餘留補挈欠上屆業經辦理有案剝船戶本有食米一項如有虧短在於經紀應得之耗米内扣除若經紀亦有虧短又將何以抵補所咨殊未允協且查歷屆海運並無經紀為剝船代扣之案行令遵照上屆分賠獨賠之案覈實追補在案令據該督咨稱前項海運耗米以備由津起通折耗似難留抵挈欠運京之虧短既以耗米留補運通之虧短轉不以耗米扣抵似未盡一擬請剝

船抵通如有虧短係經紀在途查出剝船舞弊禀明押運員弁有案者應按照舊案責令剝船獨賠先儘食米扣抵若經紀在途並未查出剝船舞弊稟明押運員弁有案者到壩始經發覺按照舊章責令經紀剝船各半分賠經紀分賠之米在耗米內抵除剝船分賠之米在食米內抵交如有不敷再行發回天津補追等語查海運耗米原備運通虧短經紀如有應賠即在耗米內扣抵抵足之外尚有盈餘再行留抵掣欠上屆即係如此辦理原以剝米運通不必一定虧短留經紀之耗米以備賠補所以責成經紀嚴防

船戶之偷漏並非將耗米先儘留抵挈欠也若准令船戶豫先按耗米數目扣除雖有不扣除者是不待偷漏業已虧短矣該道並不詳繹部文率以運通之虧短轉不以耗米扣抵似未畫一為詞殊未喻本部前咨深意至所稱剝船運通如有虧短係經紀在途查出剝船舞弊稟明有案者應按照舊章責令剝船獨賠先儘所短數目以食米扣抵若經紀在途並未查出剝船舞弊稟明押運員弁有案者到壩始經發覺按照舊章責令經紀剝船各半分賠經紀分賠之米在耗米內抵除剝船分賠之米在食米內抵交抵

剩之米仍給領用如不敷抵再行發回天津補進之處既據該督分晰聲明懇如所咨辦理倘有前項情事應劄行天津清河二道認真覈辦總於沙船卸米未經竣事以前嚴飭全行搭運不准顆粒短少是為至要並知照驗米大臣總督倉場查照可也

欽差戶部尚書孫
倉場侍郎宗室慶　為飛咨事咸豐二年四月十六日據
天津道張起鵷詳稱查湖南解船委員善化縣知縣
易學趍領解官剝船三百五十隻前奉知會初限剝
船二百隻於咸豐元年正月二十日開行二限剝船
一百五十隻於三月二十七日開行覈計程途早應
押到前因未據解到檄飭沿河州縣查催並派委
員弁迎提暨咨會山東濟東道飭催旋據委員稟報
探得前項剝船尚未挽入東境聞係在衆興地方停
住衆與距濟東六百餘里等情當經咨會臬司會同
藩司詳請咨催嗣因江省海運漕糧到津需用剝船

甚殷復經詳請分咨兩江督院山東撫院檄飭沿河州縣嚴催並因江西省代造二限剝船二百隻於道光三十年十一月初三日開行內於咸豐元年九月解到船一百隻尚有一百隻未據解到又江西代造三限剝船二百隻於咸豐元年七月十三日開行迄今亦未解到又經分別咨行查催在案茲准山東濟東道查明前項剝船尚未到境咨覆到道復查現值兌剝海運漕糧喫緊之際因豫東幫船同時抵壩海運河運相間驗收剝船不及趕回接運雖經分飭天津通州等州縣並派委員弁分投添雇民船協濟而

民船畏累遠避沿河無船可雇兌剝海運漕糧尚未
及半需用剝船多而且急必須將前項湖南江西新
造官剝催提到津供用除詳請督憲咨提外擬請查
覈俯念海運緊要分咨兩江督院江蘇撫院江西撫
院檄行沿河州縣查明湖南初二限及江西二三兩
限代造剝船現在何處停延嚴催押船委員星夜押
催來津以濟剝運等因前來查江廣代造剝船管解
津以六十里為一站每日一站計算江西應行六十
餘日湖南應行七十餘日今湖南初限剝船二百隻
係咸豐元年正月開行二限剝船一百五十隻係咸

豐元年三月開行江西二限剝船內一百隻於道光三十年十一月開行三限剝船二百隻於咸豐元年七月開行計其時日遠或一年有餘近亦十月之久即令沿途阻風守閘亦何至遲延至今尚未解到似此任意逗留實出情理之外現值兑剝海運南糧豫東漕糧喫緊之際需用剝船多而且急未便任其再事耽延既據天津道詳請分咨檄催相應飛咨兩江總督山東巡撫江西巡撫迅速檄行沿河州縣查明湖南初二兩限及江西二三兩限剝船現抵何處即日嚴催星夜北上毋任片刻停留務令兼程前進以

速補遲庶幾早日抵津免誤剝運並先查取押船委員各職名送部覈議如再遲延本部堂定行嚴參決不稍貸幸勿視爲具文並知照本部查照可也須至咨者

咸豐二年四月二十日到

四十八

為轉行事咸豐二年四月二十日准
欽差大臣咨據天津道詳稱江廣代造直隸撥船於道光
三十年及咸豐元年先後開行迄今未據解到殊屬
遲延嗣因江省海運漕糧到津需用甚殷應再移咨
兩江總督江西巡撫山東巡撫即飭查照
欽差大臣原咨辦理並抄錄驗米大臣原文移咨湖南巡
撫查照即將因何遲延緣由詳查報部並先查取押
船委員各職名送部覈議毋稍迴護致干叅辦可也
咸豐二年四月二十三日咨

[illegible]字卷三　四十九

欽

差戶部正堂孫 倉場侍郎蘇慶 為咨行事查沙船急公應募航海而來自應遵照歷屆奏明成案隨驗隨卸以便及早回空現在豐工漫口未能合龍業經節逾芒種而南糧一船尚未渡黃刻下一粒不能抵通幸賴蘇松等五府州屬漕白糧米海運抵津稍資補救江南原雇沙船之時自必以海運成案每日起米四萬石隨驗隨收等章程大張曉示以廣招徠茲幸風帆順利蜂擁抵津若不遵照奏案實踐咸言俾得交卸公事復安舊業失信於民何以謀

國現在由壩回空剝船每日不過百隻及數十隻不等

以致所驗之米積有十七八萬之多每日縱將由壩同津剝船隨到隨挂儘數裝滿亦不能敷每日起米四萬石之數沙船耆民人等紛紛攔輿呈控環跪乞命本部堂若任聽哀懇漠無所動夫豈人情查官剝船隻湖南應造三百五十隻未經解到江西應造剝船除解到外尚有未到船三百隻之多現據海運總局呈報調津官剝一千七百九十五隻雇到民船六百零二隻前項船隻早經用竣現已劄飭再行添雇并經飛咨兩江總督山東江西巡撫撤行沿河州縣嚴催湖南江西所造剝船星夜赴津惟此項剝船未據

報明行抵何處恐屬鞭長莫及即天津雇募只有嚴飭儘數全雇若合用之船已經雇盡亦難責以必行惟有通壩按照定例起卸米石則前項二千數百隻官民剝船自足以資周轉查戶部則例漕員職掌門內載坐糧廳專管北河催趲空重漕船挑挖淤淺又漕運全書內載每日例應起米三萬石飭令坐糧廳每日自寅至戌趕緊兌收又海運全案內載每日僅起米三萬四五千石必致稽遲應以四萬石為準本年辦理海運該廳自當遵照定例先行挑挖淤淺其起卸米石即不按照海運章程日起四萬石豈轉不能如

常年河運日以洪斛三萬石為率現在日晷甚長竟致不遵定例趕緊起卸試問江廣船來每至深秋晝影尚短又將若何辦理相應移咨倉場部堂轉飭合亟劄飭該廳劄到即行振刷精神趲前趕辦能照海運章程日起四萬則每日回津當有二百四五十船即或不能亦必照常年河運定例日起洪斛三萬石以平斛計之合米三萬七千五百石每日壩工亦當有剝船一百七八十隻回空該廳此次劄到若再不遵定例按數起卸則是有意掣肘海運使此六十六萬銀兩不得再供

國用本部堂惟有遵例辦理未便任其顯違定例毋謂
言之不早也切切又本部堂以剝船裝載南糧運通
交卸即須折回天津輪轉剝運與東糧運船卸空歸
次本年無須再運者不同即經移咨駐通倉場部堂
將剝船趕前驗卸俾得星夜回津輪運以資周轉並
經奏明移咨倉場部堂遵照在案又由部咨行即飭
坐糧廳速將海運起剝船隻隨到隨驗趕緊起卸不
准片刻停留俾得星夜回津以資周轉如東豫漕糧
同時并到亦必須先儘剝船驗卸以免
欽差在津有停收待剝之虞倘有貽誤即行據實參辦等

卷三　五十二

因亦在案現在是否遵照辦理希即移咨即飭詳報
行駐查覈毋遲再知照本部查照可也

為再行咨查事咸豐二年四月二十日准
欽差大臣咨前經本部咨行海運起剥船隻隨到隨驗趕
緊起卸不准片刻停留俾得星夜回津以資周轉如
東豫漕糧同時并到亦必須先儘剥船驗卸以免
欽差在津有停收待剥之處倘有貽誤即行據實參辦等
因在案現在是否遵照辦理並查照
欽差大臣原咨内稱每日應遵照海運章程起米四萬石
不得接照河運定例所起之數辦理如不遵辦即將
經管之員據實嚴參應咨倉場務於文到日迅即一
併分晰查明徑行咨報驗米大臣查照并知照本部

查覈可也

總督倉場爲咨詢事照得上年江蘇白糧海運經本部以内倉向無辦過海運成案本倉場遂將河運之嘉湖二白幫派給内倉嗣據浙江糧道以丁情苦累請咨當經咨准

本部覆稱嗣後易觔及派撥内倉白糧無論河運海運仍令循照舊章五府輪派等語查本年自應輪派蘇松等府令海運白糧業經抵通應否派給内倉及派給若干石之處相應移咨

本部查照望速見覆以便飭遵可也

咸豐二年四月十七日到

卷三　五十四

為咨詢事咸豐二年四月十七日准總督倉場咨上
年江蘇白糧海運經本部以內倉向無辦過海運成
業本倉場遂將河運之嘉湖二白糧派給內倉嗣據
浙江糧道以丁情苦累請咨當經咨准部覆嗣後薊
易及派撥內倉白糧無論河運海運仍令循照舊章
五府輪派等語查本年自應輪派蘇松等府令海運
白糧業經抵通應否派給內倉及派給若干石之處
相應移咨本部查照見覆飭遵等因前來　查撥
運薊易並內倉白糧前據倉場咨報應撥前項米石
先經奏定派蘇松常嘉湖五府輪流截撥嗣因江蘇

白糧海運應派內倉以歷年皆歸河運其海運白糧向無辦過仍派河運之嘉湖運交內倉丁情苦累請嗣後無論河運海運悉循舊章五府輪派經本部查係實在情形准如所請辦理咨覆倉場在案今據倉場咨稱本年應運內倉白糧輪派蘇松等府今海運白糧業已抵通應否派給內倉及若干石之處咨部示覆等語查本年應運內倉白糧既據倉場查明輪派蘇松等府自應遵照本部前咨在於抵通海運白糧內派撥內倉至派撥各倉米數向由倉場覈定咨報今海運白糧係蘇松常三府本年應輪派內倉係

某府白糧及派給若干石之處應仍咨倉場即飭分晰
查明報部以憑查覈可也
咸豐二年四月二十六日咨

壬子卷三　五卄六

直隸總督訥爾經額為詳咨事據布政使陳啟邁呈稱據天津縣詳稱咸豐二年三月初三日蒙坐糧廳紙牌開為飭知事照得海運漕白糧石臕抵天津茲本部定於三月初二日起程赴津辦理海運起兌一切事宜所有前經行飭該縣查照辦過成案應備用繩縺連蓆片炭簍竹籌裝樣米袋麻繩吊籮溜米蓆筒以及堆貯官袋斛隻房屋

欽差倉場暨本部辦公官舍此刻諒必均已備妥合再飭知本部起程日期為此牌仰天津縣遵照可也須牌等因到縣蒙此遵查前奉行知本年海運江南蘇松

常鎮太四府一州漕白糧米共一百四萬六千二百五十五石零最與道光六年並二十八年海運米石相去無多應用一切什物等項悉應照依前次成案次第備辦當因蓆片一項零用較多卑縣素非產蓆之區必須分赴安州寍河武清靜海霸州文安大城等州縣在於各集鎮逐漸採買計本年海運漕白糧共一百零四萬六千二百五十餘石每官民剝船一隻裝米二百石計用剝船五千二百隻每剝船一隻用苫艙蓆二十領共用蓆十萬四千餘領內白糧剝船每隻較漕糧多用蓆十領又每剝船一隻用溜水蓆桶

一個每桶需蓆四領殘破隨時添補約用蓆二萬二千餘領若遇大雨時行漕白剝船所苫艙蓆片恐有滲漏仍照案詳請加添通共約計需用蓆十三四萬領現已照數購齊陸續運至水次備用又蓆桶一箇需架木二根現已購備架木一萬根又置備大竹篙一千根小竹篙五萬根又裝米樣布袋上屆先僅酌備四千個迨起剝時屢蒙坐糧廳檄行添置不敷實多此次仿照做備一萬二千箇又備燈籠五千箇號旗五千面沙船兒竣旗一千面桃旗木杆五千二百根又縫繩麻繩拉繩吊籮木斛等項均已查照舊章

分别買備置做如有不敷並此外需用者臨時添備不致遲悞並將堆貯官斛隻房屋以及採哨船隻驗米官棚官船經紀等役棚廠船隻河沿碼頭亦俱按項雇倩搭蓋修葺完固除俟事竣另造清冊按款報銷外至

欽差倉場暨坐糧廳本省總局並南省委員辦公處所共計館舍七處或借用行館或用鹽商舊屋或租賃民房卑職均先經督飭工匠各按各所必須棲止辦公房間分别添補粘修現已一律修補整齊油飾鮮明至房間以内應用棹椅等項亦均分别置備齊全静

為詳咨事咸豐二年四月初二日准直隸總督訥爾經額咨據布政使陳啟邁呈稱據天津縣詳蒙坐糧廳牌開照得海運漕白糧石瞬抵天津茲辦理海運起兌一切事宜所有前經行飭該縣查照辦過成案應備用繩縫連蓆片大小竹籌裝樣米袋麻繩弔籮溜米蓆筒以及堆貯官袋斛㪷房屋

欽差倉場暨本部辦公館舍諒必均已備妥合再飭知天津縣遵照等因遵查前奉行知本年海運江南蘇松常鎮太四府一州漕白糧米共一百四萬六千二百五十五石零覈與道光六年並二十八年海運米石

相去無多應用一切什物等項悉應照依前次成案次第備辦當因蓆片一項零用較多畢縣素非產蓆之區必須分赴安州寧河武清靜海霸州文安大城等州縣在於各集鎮逐漸採買計本年海運漕白糧共一百零四萬六千二百五十餘石每官民剝船一隻裝米二百石計用剝船五千二百隻每剝船一隻用苫艙蓆二十領共用蓆十萬四千餘領內白糧剝船每隻較漕糧多用蓆十領又每剝船一隻用溜米蓆桶一個每桶需蓆四領殘破隨時添補約用蓆二萬二千餘領若遇大雨時行漕白剝船所苫艙蓆片

恐有滲漏仍照案詳請加添通共約計需用蓆十三四萬領現已照數購齊陸續運至水次備用又蓆桶一個需架木二根現已購備架木一萬根又置備大竹篙一千根小竹篙五萬根又裝米樣布袋上居先僅酌備四千個迨起剝時屢蒙坐糧廳檄行添置不敷實多此次做照做備一萬二千個又備燈籠五千個號旗五千面沙船兌竣旗一千面桃旗木杆五千二百根又縴繩麻繩拉繩吊籮木斛等項均已查照舊章分別買備置做如有不敷並此外需用者臨時添備不致遲悮並將堆貯官斛隻房屋以及探哨船

隻驗米官棚官船經紀等役棚座船隻河沿碼頭亦俱按項雇備搭蓋修築完固除俟事竣另造清册按款報銷外至

欽差倉場暨坐糧廳本省總局並南省委員辦公處所共計館舍七處或借用行館或用參商舊屋或租賃民房卑職均先經督飭工匠各按各所必須接止辦公房間分别添補粘修現已一律修補整齊油飾鮮明至房間以内應用棹椅等項亦均分别置備齊全靜候各院按臨除按處簽派書役小心看守外所有海運事宜均已遵照分别辦理緣由擬合具文詳請查

覈轉請咨部立案等情本司覆查無異擬合據情具文詳請查覈咨部等情除咨江蘇撫院外相應咨明等因前來

查海運漕白糧石抵津起兑一切事宜前據坐糧廳行飭天津縣查照辦過成案應備用繩縫連蓆大小竹籌裝樣米袋麻繩吊籮溜米蓆筒以及堆貯官袋斛斗房屋辦公館舍諒必備妥合再飭知今據直隸總督咨稱該縣均已分別辦理並據聲稱本年米石覈與道光六年二十八年海運米石相去無多應用一切什物等項悉照依前次成案備辦等語本部查道光六年海運漕白米一百六十餘

萬石道光二十八年海運漕白米一百八萬三千餘
石本年海運漕白米一百四萬六千餘石何以聲稱
與道光六年並二十八年相去無多再二十八年尚
有預備截卸北倉舖倉蓆片在內現居米數既少亦
並未備辦截卸何以一切蓆片等項比二十八年反
多自應覈實删減報部查覈再查上屆咨報案內並
無蓆桶架木號旗沙船兌竣挑旗木桿名目今屆因
何製造應咨直隸總督轉飭逐層分晰查明報部以
憑覈結其二十八年海運備辦蓆片等項據稱於事
竣覈實請銷迄今三載有餘未據造册請銷殊屬延

延應咨該督即飭查明二十八年實在用過蓆片等項價銀若干某項銀若干務於文到日即將用過蓆片等項據實造冊報銷毋得浮冒係動用何項銀兩照何例開銷之處並因何延擱不行報銷一併隨案聲明以憑覈辦並將道光六年咨請備辦蓆片等項原案抄錄送部備查暨知照驗米大臣總督倉場可也

[illegible]譜[illegible]　卷三　六十二

候各院按臨除按處簽派書役小心看守外所有海
運事宜均已遵照分別辦理緣由擬合具文詳請查
覈轉詳咨部立案等情到司據此本司覆查無異擬
合據情具文詳請查覈咨部等情到本閣督部堂據
此除咨江蘇撫院外相應咨明為此合咨貴部煩請
查照施行須至咨者
咸豐二年四月初二日到

卷三

六十三

欽差戶部正堂禧倉場侍郎宋慶　為咨行事據清河道譚廷襄天津道

張起鵷詳稱蒙劄開查沙船張義和等稟稱該商等

到次或已旬餘或逾半月大半尚未挂剝間有挂剝

之船日斛無幾環求速飭多發剝船趕緊起卸等情

相應將原稟劄交直隸總局多發剝船如墹上起卸

遲延不數周轉仍宜廣為雇募以資應用并劄坐糧

廳每日無論所挂剝船若干務飭經紀儘數斛收等

因蒙此查道光六年海運漕糧一百六十三萬三十

餘石調用官剝船一千五百隻雇用民剝船五百隻

共備船二千隻二十八年海運漕糧一百零九萬六

千餘石調用官剝船一千九百隻雇用民剝船六百隻共備船二千五百隻本年海運正耗漕糧一百零六萬二千餘石調共官剝船一千七百九十五隻內除豫東糧船起剝用船一百二十五隻實存船一千六百七十隻又雇用民船七百三十隻共備船二千四百隻是米數少於道光六年及二十八年而船數則較二十八年少一百隻較道光六年尚多四百隻乃輪轉發剝截止本月十六日十二運前起止共發過官剝船一千八百六十三隻民剝船六百八十五隻已挂剝未裝足官剝船二百二十七隻民剝船八

十九隻水次存官剥船二百零一隻民剥船七隻共
計官剥船二千二百九十一隻民剥船七百八十一
隻内除官調留剥一千六百七隻原雇民船七百三
十隻外計通壩僅回空官剥船六百二十一隻民剥
船五十一隻其餘或到壩停候驗卸或在途行走統
計十七起佔船實屬不少推原其故總因豫東幫船
同時抵壩河運海運相間驗卸以致剥船不能迅速
騰空昨據第七運前起押運委員沈毓時稟報於本
月十二日運抵通州劉各莊以南之閻家場地方與
前起剥船銜尾相接計算日期須至二十一日方能

輪驗即係不克迅速之明証兹奉憲劄自應遵照辦理惟民剝船雇至七百餘隻較上兩屆多一二百餘隻不等近地實以搜羅殆盡若多方雇募又恐緩不濟急且差役四處封船查察難周難保無流弊況通壩前積後壓不能數原定十五日回轉之限停待愈久占擱愈多而官船視官運為畏途雇募艱難即使竭力籌備所添無幾仍復不能應急辦理實屬掣肘除飭天津縣再行設法雇募民剝船隻聽候剝用并移咨通壩坐糧廳設法籌辦外擬合詳明憲臺移咨
倉憲朱　檄行通壩坐糧廳督飭經紀設法籌辦俾

剝船迅速回空輪運後起漕糧免致貽誤等因前來
查本月初四日本部堂以剝船裝載南糧運通交卸
即須回津轉剝與東糧軍船卸空歸次本年無須再
運者不同咨行轉飭將剝船趕前驗卸俾得星夜回
津以資周轉等因奏明移咨在案又於十六日咨覆
文內聲明剝船積壓守候多時必致不敷輪轉所裝
米石久經封釘或將一色好米薰蒸霉變在在堪虞
咨令設法趕辦又於十七日據沙船人等攔輿呈控
即經詳敘例案咨令隨驗隨卸并聲明由部咨行令
將海運剝船隨到隨驗不准片刻停留如東糧同時

並到亦須先儘剝船驗收以免在津停收待剝之虞等因亦在案今據直隸總局以通壩前積後壓占擱愈多詳請移咨籌辦查官民剝船共有二千數百隻之多如果趕緊驗收回空輪運何致不敷周轉現在通壩每日僅起米萬餘石并有停驗日期以致剝船沿河停泊待驗積壓至二十餘里之遥無論轉運不敷在津辦理十分掣肘即此數十萬漕白糧米封釘在小艙之中鬱積數十日之久際此炎熱天時或將一色好米薰蒸霉變意外之虞咎將誰屬本部堂思慮及此寢食爲之不安通壩承辦各員何竟慮不到此

且以今年河海兩運漕糧三百餘萬石計之若何所稱通壩現在每日僅起米萬餘石數算必將起至十個月之久加以脫幫及大雨時行日期應行計除則此三百餘萬石勢必年餘方可起竣萬一幸有全漕四百餘萬計非年半不能起一年之漕試問該廳有此情理否應再飛咨總督倉場即飭該廳趕前起卸以速補遲東糧載在單船尚可諭令開艙風晾海運剝船封釘堅固無從風晾斷難再行積壓致有踈虞務令先儘剝船驗卸按照常年河運每日以洪斛三萬石為率不但剝船藉資周轉在津可無停收待剝

之虞且使南糧及早驗收在通庶免米質受傷之慮至河道有無淤淺理應先事挑挖口袋十八萬條無應不敷輪轉刻下天氣晴霽日晷正長均未便任其藉詞延擱希即通飭橋倉各員一體遵照迅速轉運倘承辦各該員不即照章辦理或胥役人等有意留難致滋阻滯立即分別參究以速運行而免貽誤再通壩起卸海運糧米現派何員會同坐糧廳辦理希即移咨行轅查照萬勿刻遲除咨行駐通倉場外相應移咨本部查照可也

為咨行事咸豐二年四月二十三日准

欽差大臣咨海運起剝米石通霸每日僅起萬餘石并有停驗日期以致剝船前積後壓占擱愈多不敷轉運在津辦理十分掣肘行令坐糧廳趕前起卸以速補遲等因前來查海運剝船前經本部移咨倉場轉飭隨到隨驗不准片刻停留以資周轉如東豫漕糧同時並到亦必須先儘剝船驗卸以免停收待剝倘有貽誤即行據實參辦在案嗣准

欽差大臣咨以通壩驗收海運米石應遵照海運章程每日起米四萬石不得照河運所起之數辦理如不遵

辦即將經管之員據實嚴參又經本部移咨倉場遵照
欽差大臣原咨迅即分晰查明徑行咨報聲辦並咨報本
部查覈各在案今海運米石如果遵照本部前咨每
日起米四萬石剝船隨到隨驗如東豫漕船同時并
到先儘剝船驗卸斷無不敷周轉致有停收待剝之
虞乃該廳因何不行遵辦以致剝船停泊河干誠如
欽差大臣所咨際此炎熱天時設將好米蒸變該廳所司
何事厥咎奚辭相應移咨倉場飭行坐糧廳查照驗
米大臣及本部行催各原咨迅即趕前起卸以速補
運倘承辦各員不即照章辦理并胥役人等有意留

難再致停收侍剝立即分别嚴懲處仍將因何每

日所起米僅萬石之處詳晰查明報部並按照

欽差大臣指飭各情形迅即逐一分晰徑行咨報驗米大

臣數辦並知照本部查覈萬勿再延致干查議可也

子卷三
六十九

戶部總督倉場爲咨覆事准本部咨稱准
欽差大臣咨前經本部咨行海運起剝船隻隨到隨驗趕
緊起卸不准片刻停留俾得星夜回津以資周轉如
東豫漕糧同時並到亦必須先儘剝船驗卸以免
欽差在津有停收待剝之處儻有貽誤即行據實叅辦等
因在案現在是否遵照辦理並查照
欽差大臣原咨內稱每日應遵照海運章程起米四萬石
不得援照河運定例所起之數辦理如不遵辦即將
經管之員據實嚴叅應咨倉場務於文到日迅即一
併分晰查明徑行咨報驗米大臣查照等情前准

欽差大臣及本部來咨均經本部堂疊次嚴飭廳橋壩閘各員一體遵照辦理在案惟是查海運章程起米四萬石係指沙船在津起卸而言非指通壩而言也漕運則例內載經紀起米額設口袋十八萬條原計每日外河起米三萬存號三萬由裏河轉運三萬大通橋存號三萬分進各倉三萬回袋三萬按日輪流週轉是石壩日起米數以三萬為率今查現在東豫二省幫船已經停驗外河起米大通橋進倉每日均符三萬石之數惟裏河轉運未能足額業經本部堂將石壩州判吳元忭奏參摘頂在案除移咨

欽差大臣查照外相應咨覆本部查照可也

戶部總督倉場慶　為移咨事據坐糧廳呈稱竊照
本年海運漕白糧石經職廳帶同書吏經紀人等赴
津兌運除經紀人等有應領款項外所有書吏辦理
稿案文件一應書手人等飯食紙張需用浩繁職廳
詳加體察勢難令其枵腹從事查道光二十七年職
廳衙門東庫書吏承辦收買商米事務每米一石給
該吏飯銀一厘八毫以作紙張飯食辦公之用歸於
茶果項下報銷今該吏等隨同赴津專辦海運實無
辦公之項且辦理海運較辦理商米事務更繁可否
援照前案辦理給予飯銀一厘八毫之處請祈堂臺

咨明戶部實爲公便等情當經本倉場飭查道光二十八年海運該吏等因何並未辦理之處仰即詳細查明呈覆以憑覈辦在案今復據該廳呈稱職廳遵即詳查據該吏稟稱竊因道光二十八年蒙前任坐大老爺帶赴天津 出差辦理海運起兑一切事宜吏等竭力辦公所有用度浩繁賠累難堪於差務甫經告竣之時坐大老爺業經任滿是以未能懇恩俯卹賞給辦公之資所有賠累一切實係力不能支至今猶未能歸楚竊思本年吏等辦理海運所有紙張膏伙房租稿業薪水修金一切用度浩繁實在無力墊

辦苦累情形久邀洞鑒合無仰懇恩施援照二十七
年辦理商米之案賞給飯銀以資辦公謹將二十七
年未請脩給辦公銀兩緣由理合稟明職廳詳細查
覈係屬實在情形理合據情呈覆鑒覈恩准施行等
情前來查該廳所詳該吏等辦公賠累委係實在情
形相應據情移咨
本部查照辦理仍祈見覆以便飭知遵辦望速施行

卷三
七十三

為移咨事咸豐二年六月初二日准總督倉場慶　咨據坐糧廳呈稱竊照本年海運漕白糧石經職廳帶同書吏經紀人等赴津兌運除經紀人等有應領欵項外所有書吏辦理稿案文件一應書手等飯食紙張需用浩繁職廳詳加體察勢難令其枵腹從事查道光二十七年職廳衙門書吏承辦收買商米事務每米一石給餞吏飯銀一厘八毫以作紙張飯食辦公之用歸於茶果項下報銷今該吏隨同赴津專辦海運實無辦公之項且辦理海運較辦理商米事務更繁可否援照前案辦理給予飯銀一厘八毫之

處請祈咨部等情當經本倉場飭查道光二十八年
海運該吏等因何並未辦理之處飭即詳細查明呈
覆以憑覈辦在案今復據該廳呈稱職廳遵即詳查
據該吏稟稱道光二十八年蒙前任奎帶赴天津辦
理海運起兑一切事宜吏等竭力辦公所有用度浩
繁賠累難堪於差務告竣業經任滿是以未能懇恩
俯卹賞給辦公之資所有賠累一切實係力不能支
至今猶未能歸楚本年辦理海運一切用度浩繁實
在無力墊辦合無仰懇恩施援照二十七年辦理商米
之案賞給飯銀以資辦公理合稟明職廳詳細查覆

係屬實在情形理合據情呈覆鑒覈恩准施行等情查該廳所詳該吏等辦 公賠累委係實在情形相應據情咨部查照辦理仍祈見覆遵辦等因前來 查道光二十八年海運案內一切支用銀錢仿照道光六年成案辦理並無坐糧廳隨帶赴津書吏每石飯食銀一厘八毫一項開銷本屆咸豐二年海運前經奏明按照舊章辦理所有支用各款自應查照上兩屆成案覈辦今據倉場請照收買商米之案每石給坐糧廳隨帶書吏飯食銀一厘八毫本部查本年海運米石係屬蘇松等五府州屬正漕即在常年河運

漕糧數內與收買商米在漕糧之外者情事不同檢查上兩屆成案內未據倉場請過坐糧廳隨帶書吏飯食銀兩所有倉場請照收買商米之案每石給坐糧廳隨帶赴津書吏飯食銀一厘八毫之處本部覈與應辦海運正漕成案不符礙難覈准應咨倉場轉飭坐糧廳遵照成案辦理不得以海運正漕牽混收買商米之案率請例外開銷以重經費而照覈實可也

驗米大臣為劉行事據清河道譚廷襄天津道張起
鵷稟稱竊查楊村官剝船每船例應裝米三百石向
因北運河橫淺較多歷係減裝米石道光二十八年
海運漕糧撥運赴通亦係隨時察看水勢酌量減裝
每船裝米二百二三十石至二百五六十石不等此
次海運自應循照辦理惟現在海運沙船蜂擁北來
一俟江省委員到津即須兑撥運通而刻下北運河
水勢淺澀異常竊恐減裝之後剝船仍復阻滯難行
勢必不及趕回輪運若再為減裝則佔用剝船過多
必致不敷撥用雇備為難理合稟請撤行通永道轉

海運摘鈔　卷四

飭漕運通判確查各汛橫淺處所督率淺夫逐段實力撈空務期一律深通照例以水深二尺四寸為度俾資浮送而利撥用等因據此相應劄飭通永道督飭漕運通判查照辦理毋任稍有延誤切切特劄

驗米大臣爲劄行事本部堂查道光六年海運經驗
米大臣會同倉場侍郎奏明每日沙船不論何時抵
次即令江南委員排具次數清河天津兩道配給剥
船至糧驗核准兑單飛速集夫發斛不准稍踰時刻
及經紀脚役人等藉端挑剔又戶部奏稱每日用斛
八十隻起米僅三萬四五千石必致稽遲應添製斛
一百隻俾敷起卸如有經紀人等稍事刁難從重懲
治又道光二十八年戶部奏明經紀剥船兩項人等
均多弊竇現經倉場訪聞米本乾潔不肯起卸是其
勒掯情形已可概見全在管轄經紀剥船各衙門諄

諭於前嚴懲於後庶幾各清各弊俾免稍有諉卸至沙船抵津經紀挑剔不難臨時奏明從嚴究辦等因

奏奉

諭旨依議欽此在案現在沙船抵津截至本月十九日止共計進口二百二十八隻抵次船九十四隻驗過船五十八隻共已驗過漕白粮米七萬三千六百餘石自應遵照歷屆奏案隨驗隨起趕緊斛收乃迄今四日之久僅據報稱起卸米二千五百餘石似此玩延必致轉運不及関係全漕大局貽誤匪輕相應劄行江蘇總局沙船一經到次即行排列整齊開具排單封

送米樣呈請查驗如有實在微變之米即令該船以餘米按數抵補並咨劄直隸總局凡有驗過沙船即行掛釘以便承運經紀斛量收兌毋任藉端勒指延擱仍飭坐糧廳即將驗過之米迅速起卸趕緊斛收如有挑剔刁難及主使挑剔刁難之人即行嚴密查拏送轅究辦毋得稍有疏縱遲延並飭該廳每日起米後即將本日起卸米數開單呈送以憑查覈各宜稟遵毋違切切特劄

海運續案 [illegible] 卷四

三

驗米大臣為飭遵事照得本部堂沿河驗米見有剝船受兑之後雖已封釘艙板而竟有蔴袋裝載米石安放於艙面之上隨即查詢據船戶聲稱委係食米查所擬杜弊條款內稱此次海運剝船食米係給予本色因剝船戶平日俱食雜粮應得剝價足敷食用所給本色食米現已咨部於剝船內另艙存放抵通後正米無虧准其將食米領用如有分賠米石即令該船戶以食米補交是此項米石俱應另艙存放隨同封釘以備分賠乃米之虧且沿河稽查易於牽混更不足以杜弊端合行飭遵為此劄仰直隸總局轉

糧道飭令各該委員遵照所擬杜弊條款內明白曉諭各船戶一體遵辦毋得稍有含混並飭沿河押剝巡查各員弁如見剝船上有裝袋之米並未加貼封條即係偷竊不可任其以食米藉詞致滋流弊毋違特劄

驗米大臣爲飛劄事查東糧軍船例定三月初一日到通上屆南糧海運及本年海運均經分别奏咨催令提前兑裝趕緊開行務於沙船未到之先過關北上在案並由本部飛咨飭令於海運米石未到以前及早抵通卸竣以免河道擁擠亦在案今該省並未遵照辦理山東軍船遲至三月中旬以後始抵津關較之道光二十八年遲延將及一月殊非核實辦公之道現在沙船起卸所有官剥民剥分起運通正當趕辦喫緊之際不容片刻停留若必令軍船行走在前剥船積壓在後則剥船兩次裝載行走遲滯必有

遇轉不及之虞貽誤匪輕本部堂查剝船裝載南糧
與軍船所有東糧同係
天庾正供東糧既不能遵照部咨於沙船未到以前早為
竣事致令軍船剝船同時並進自應聽從載輕行速
之剝船插幫行走乘便趕前毋得稍有攔阻互相爭
競為此飛劄山東河南糧道即飭該局總運星速傳諭沿
途各該幫弁嚴諭丁舵水手人等並劄天津總局轉
飭押運員弁嚴諭剝船水手人等一體遵照軍船正
行之際固不得因讓剝船稍有停泊若剝船乘空前
進該軍船亦不得稍有攔阻如軍船遇有守風自行

停泊之時尤不得橫截中流致礙河道該糧道等務即明白曉諭如有不遵約束刻即嚴拏究辦倘稍疏縱本部堂定行嚴參毋謂言之不豫也并劄坐糧廳火速傳諭沿途各幫遵照毋違切切特劄

海運續案 [illegible] 卷四　六

驗米大臣為飭查事照得前據直隸總局詳請由上
園一帶起至通壩止派委文武員弁分段稽查在案
現在頭運剝船業已開行北上今據各該委員等來
稟辦各住段落稽查防範等情合亟飭遵為此劄
仰直隸總局清河天津道遵即查明該文武員弁等是否
業已前往稽查抑或尚未起程務須嚴飭該員弁等
迅速起程前往萬勿再有躭延致滋貽誤速速特劄

海運續案[illegible]子卷四　七

驗米大臣為諮行事據總理海運局清河道譚廷襄天津道張起鵷稟稱竊查海運漕糧由津剝運赴通抵壩交卸後應即折回天津水次接運後起漕米定限十五日往返以敷輪轉第一運前起重剝係於本月二十二日開行按程計算至四月初六日方能回津接濟初七日兌剝之用惟豫東軍船在前八幫已於二十二日頭起剝船開行之先過閘北上雖剝船身輕載少行走較速恐亦不能漫越前進到壩在後通壩自必先儘軍船驗收以一日一幫計之該運剝船即須守候八日方能驗卸勢必貽誤輪用復查軍船抵壩向在外

河停泊候驗剝船向係提近壩樓驗卸合無仰懇俯念海運需剝緊急檄行通壩坐糧廳將剝船提近壩樓與豫東軍船相間驗卸以後軍剝均照此辦理俾免剝船久候得以迅速回津輪運等因前來本部堂查剝船裝載沙船起卸海運南糧與軍船所運東糧同一

天庾正供東糧既未遵照部咨於海運南糧未到之先早為竣事致令同時並進所有剝船軍船抵壩起卸自應熟商妥籌查東省糧船抵壩起卸之後本年冬季始行受兌新糧現在並不再行出運與剝船即須由

壩折回輪轉剥運沙船米石者不同沙船急公應募航海而來自應優加體卹早給剥船輪轉剥運俾得迅速起卸無誤回空趕載此中緩急後先應即準情酌理妥洽核辦上届海運案內即經飭通倉場部堂奏明剥船運抵通壩行令坐糧廳隨到隨驗嚴飭經紀等趕緊起卸轉運不許片刻停留其騰空撥船仍飭無分晝夜迅速回津接運以資輪轉等因此次自應照此辦理相應移咨貴部堂倉場飭遵照剝卸過壩坐糧廳所有裝載海運南糧剥船將次抵通希飭該坐糧廳即行提近壩棧迅速趕前查驗起卸俾得星夜回津輪轉起運毋令剥船

稍有守候致誤沙船交先起卸可也切切特判

驗米大臣爲飛劄事本部堂查管理北運河水道係
屬漕運通判專責現在海運剝船東糧單船同時並
進尤應飭究深通茲據海運總局天津道清河道稟稱據第
一運前赴委員候補府經歷龔煥稟報該運剝船行
至打魚莊內有姚萬升張發民船二隻不能前進並
閱前途水勢僅一尺八九寸積淺尤多而該漕運通
判稟稱親勘各汛積淺均足二尺四五寸等語所稟
存水尺寸已屬不符面詢天津道剝船喫水若干據
稱官剝每船裝米二百二十石現飭勾量新舊江廣
各剝船以水尺度之海船不過喫水一尺八寸至二

尺不等以漕尺度之每船不過喫水一尺六寸五分至一尺八寸不等現在姚萬升張發二船各止運米二百五十石喫水並不甚深本部堂查北河沿途各汛每汛額設刮板五六副七八副不等淺夫自九十名至一百四十四名不等何以並不勤加刮挖致令僅裝二百五十石之船不能前進該通判所司何事實屬懈玩已極為此劄飭該通判劄到火速晝夜刮挖倘復仍前玩忽致有遲滯本部堂即行參辦毋謂言之不早也並劄通永道轉行查催速速特劄

驗米大臣為咨行事據清河道譚廷襄天津道張起
鵷詳稱查由津運通米石虧短原定獨賠分賠章程
界限本自明晰惟現將剥船食米飭令另艙存放隨
同正米運通以備扣抵若正米虧短概將食米全行
扣抵易滋蒙混職道等悉心酌核擬請於剥船抵通
後由坐糧廳先儘正米斛收正米無虧即准剥船戶
將食米領用如有虧短係經紀在途查出剥船舞弊
稟明押運員弁有案者應按照舊章責令剥船獨賠
先儘所短數目以食米扣抵若經紀在途並未查出
剥船舞弊稟明押運員弁有案者到壩始經發覺按

照舊章責令經紀剝船各半分賠經紀分賠之米在
耗米內抵除剝船分賠之米在食米內抵交抵剩之
米仍給領用如不敷抵再行發回天津補追如此分
別辦理庶米歸有著正供可期無虧擬合具文詳請
查核俯賜轉飭通壩坐糧廳查照遵辦等因前來本
部堂查道光二十八年奏定抵通虧短分賠獨賠一
案界限最為明晰如係經紀拏獲則責令剝船獨賠
若經紀並未查出或未經稟明則責令經紀剝船分
賠經紀耗米本係仿照北倉截卸章程議增以備
由津赴通折耗之用如果經紀剝船均無弊竇委因

盤量折耗原不難即以所備耗米抵補但恐剝船恃有耗米可抵任意偷漏必致虧短之數浮於所備耗米之數而承運經紀又復置身事外沿途並不嚴密稽查甚或串通剝船分肥舞弊是以責令剝船賠補一半其餘一半即在經紀耗米內扣抵以均責成而昭平允今據該道等詳請照辦相應移咨駐通倉場侍郎轉飭並剝壩通坐糧廳即飭照案辦理剝船抵通先儘正米斛收正米無虧即准剝船戶將食米領用如有虧短並未據經紀查出剝船舞弊或未經稟明押運員弁則責令分賠除經紀耗米抵補一半外其餘一半即將剝船食米

按數斛收如有盈餘仍准剝船戶領用若係經紀查
出剝船舞弊確據稟明押運員弁有案即將剝船食
米計數獨賠如有不敷再行發回天津補追並遵照
道光二十八年
諭旨一船了一船之案不得因承運經紀挐獲一二船其餘
未經稟獲之船概令經紀免賠以杜弊中之弊可也
切切特劄

驗米大臣為劉行事據王元禎船耆民孫西周沈協盛船耆民沈湘舟稟稱窃身王元禎裝載昭文縣白糧一千四百三十石身沈協盛裝載上海縣白糧一千六百四十五石早經駛抵津次已奉排號臨驗米色一律純潔候今多日並不挂撥起卸窃見前船均已交卸後船亦皆起剝獨身等兩船竟遭羈累風聞所載白糧截留候撥

陵糈不勝汗駭伏查蘇省歷次海運祇知到津交剝屢蒙各

憲曉示奏定章程均係隨到隨卸不致片刻羈延從未聞有截留之事况身等航海運糧雇值無幾歷涉

驚濤後虞賠補刻幸平安抵改滿塑總章即日交卸
方可轉至奉天牛莊等處貿易轉瞬須打夏凍若再
遲滯不及回南萬且船艙蒸悶萬一米色發熱設有
霉變咎將誰任等語除批示飭遵外合亟劄行牛莊局 江蘇總局 直隸總局
迅即會商妥速辦理切切並將原呈發交直隸總局
查照特劄

驗米大臣爲劄行事准署理山東巡撫咨稱據榮成縣知縣石用熙呈稱江蘇商船顧萬隆裝載荊溪縣漕米五百九十石駛至石島外洋失風漂沒訊取耆舵水手供詞知照前來合行抄錄原文劄飭江蘇總局查覈辦理特劄

海運續案　[illegible]字卷四　十四

驗米大臣爲劄行事查沙船耆民孫西周沈湘舟呈詞前經劄行江蘇直隸兩總局坐糧廳迅即會商妥速辦理茲據直隸總局詳稱沈協盛船米應由經紀斛收同交倉白米一併運通王元椅船米飛飭易州迅派兵役來津領兑等語除易州應領白糧批令該局飛飭領兑倘再遲延即將該州職名詳參外相應劄飭津坐糧廳迅飭經紀趕緊斛收同交倉白米一併運通仍將易州應撥江米迅即指派毋再延誤并劄通坐糧廳飛飭薊通豐等三州縣赴通領兑倘延不赴領即將該州縣等職名詳參該津坐糧廳仍將

現辦情形迅即詳覆並劄蘇直兩局妥速辦結會詳
毋遲切切特劄

驗米大臣爲劄行事查歷辦海運成案均經奏明隨
驗隨收現在原備撥船早經用竣全賴通壩趕緊起
卸俾剝船及早回空以資周轉白糧一項起卸之後
轉運通倉該倉每日應收之米應即隨到隨收不准
片刻停留爲此劄飭中西倉監督劄到即行查明白糧
經紀承運白糧到倉該倉每日是否儘數斛收及有
無延不收受勒令經紀囤貯候收之處刻即聲覆并
飭嚴禁花戶人等挑剔刁難勒索諸弊倘查有前項
弊端立即嚴究重懲毋稍疎縱致干未便切切特劄

海運續案 [illegible] 卷四 十六

驗米大臣為劄行事查歷辦海運成案均經奏明隨驗隨收現在原備撥船早經用竣全賴通壩起卸起卸俾撥船及早回空以資周轉白糧一項起卸之後轉運通倉該倉每日應收之米應即隨到隨收不得片刻停留除劄飭中西二倉監督查明白糧經紀承運白糧到倉該倉每日是否儘數查收有無延不收受勒令經紀囤貯刻即聲覆并飭嚴禁花戶人等挑剔刁難勒索諸弊外相應劄飭通坐糧廳即將該倉收米情形明查暗訪倘查有花戶人等挑剔刁難勒索諸弊該倉監督延不究辦即由該廳將該倉監督指

名詳參毋稍瞻徇切切並劄津坐糧廳查照特劄

驗米大臣為劄行事本部堂查道光六年海運經驗米大臣會同倉場侍郎奏明每日沙船不論何時抵次即令江南委員排具次數清河天津兩道配給剝船坐粮廳核准先單飛速集夫發斛不准稍踰時刻及經紀胥役人等藉端挑剔又戶部奏稱每日用斛八十隻起米僅三萬四五千石必致稽遲應添製斛一百隻俾敷起卸如有經紀人等稍事刁難從重懲治又道光二十八年戶部奏明經紀剝船兩項人等均多弊實現經倉場訪聞米本乾潔不肯起卸是其勒掯情形已可概見全在管轄經紀剝船各衙門諄諭

於前嚴懲於後庶幾各清各弊俾免稍有諉卸至沙船抵津經紀挑剔不難臨時奏明從嚴究辦等因奏

奉

諭旨依議欽此在案本部堂奉

命來津自當嚴禁胥役人等挑剔刁難勒索諸弊為第一要務本年豐北漫口未能合龍河運江安浙江江西湖南湖北漕糧尚不識何時能到本部堂早夜思維剝深焦灼幸賴蘇松常鎮太五府州屬漕糧改由海運現到船數已過十分之九就現到糧數而論較之

上三屆該五府州屬河運米數已屬有盈無絀并有

節省銀六十六萬兩以供

國用設該五府州屬本年不辦海運不獨此六十六萬銀兩花費無存且現已節交芒種而南糧一船尚未渡黃剝下一粒不能抵通運道若何疏通倉儲若何預備試問該廳尚有何策今上海沙船急公應募航海而來自應遵照奏案隨驗隨卸以便及早回空海運原非常行之事然萬不得已亦有需用沙船之時若任胥役人等挑剔刁難設有緩急保無聞風遠避裹足不前今本部堂督同該廳查驗得沈長茂陳景福孫福昌等三船白糧僅止微欠實光體質究屬乾

潔本部堂向領俸米多有不及此者自應趕緊斛收以符奏案為此劄仰該廳劄到即行率同經紀剋即起卸毋任胥役人等稍有勒索遲延貽誤大局且現在已驗之米積有十七萬餘石之多而該廳每日起卸尚不及平斛二萬石之數每日所挂剝船均未盡數裝滿該廳亦應設法趕辦毋任泄沓從事切切并劄江蘇直隸總局倘有胥役人等藉端勒索即行詳轅究辦特劄

驗米大臣為迅飭遵辦事照得本部堂風聞得沿河一帶有小船裝載霉爛之米賣給剝船攙和之事並有沿途私自開艙情弊正在查辦之際接據候補府金鎧稟稱前奉飭查假冒經紀舍人在外招搖撞騙等因蒙此遵即密飭該縣嚴行查訪在於附近東門北門一帶店寓跟踪覓線去後復劄知卑府所屬各委員令於沿河一帶寔力巡查有向剝船勒索者即行詰訊嚴拿不准稍形鬆懈以期有犯必懲茲接第一段把總龔永清稟稱自十二日戌時在大園以下帶同外委李光恩並經紀代役李慶元等拿獲傍貼

剝船賣菜小船一隻內載有臭米二只袋又兩蓆簍約計米有四五石之多該委員曾向查訊據稱買自沙船等供是否屬寔均應澈底根究阜府當即飭令將該犯胡文治交縣嚴行訊辦其在逃之夥犯范幗春徐發馮宣三等三名由縣緝拿歸案辦理同日又據得第三段委員王恒謙禀稱於十二日戌刻在三里屯迤南查出等十運之五十七號官剝船有開艙情弊當即會同押運大員許忠武弁曹大醇眼同巡役李仲等查驗得該船裝米八艙前三艙封皮已破灰印已動訊據該船戶李文玉供稱四月十二日行

至三里屯地方船身走漏趕緊開艙一時糊塗未經
稟明船上裝載洪剝漕米一百七十六石如有短少
小的情甘認罪賠補又據第五十四六八號官剝船戶
張順徐金升等保得李文玉船上實係怕有水漏幫
同拆看將灰印損壞如有別情惟小的們是問各等
供查海運封皮灰印最關緊要今既擅行拆動難保
無偷竊情弊但各起剝尾北上不容刻延卑府遵照
發下章程一面飭令委員將船戶李文玉嚴行責懲
並取確供及各船戶保結一面押令駕駛前進等情
前來查小船裝載良米四五石貼近剝船艙據稱自沙

船買來賣給剝船戶其偷盜攙和之弊自應杜絕並有第十運五十七號船戶李文玉行至三里屯將前三艙封皮灰印均已拆動該船既有走漏自應稟明委員會同開艙查驗乃該船戶胆敢私自開艙竟不稟明辦理顯有偷盜使水攙和之弊若不從嚴懲辦不足以儆將來合亟飭遵為此劄仰清河天津道遵即轉飭天津縣將拿獲之犯胡文治一名嚴行審訊澈底根究並將在逃之夥犯范幗春徐發滿宣三等三犯飭縣趕緊查拿歸案一併訊究仍飭沿河一帶文武員弁如有小船靠近沙船收買氣頭霉爛之米轉賣

與剝船戶者立即鎖拏究辦毋稍寬縱至第十運五十七號船戶李文玉既已私自開艙業經委員將其責懲並取確供存案押令前進如有短少情弊應由通州坐糧廳查明懲辦該道等仍嚴飭沿河一帶段落文武員弁實力稽查如有小船載米及剝船開艙等事一有訪聞立即查拏稟明送究萬勿稍事因循致滋鬆懈並行蘇總局倪道蓮熙嗣後沙船如有氣頭霉爛之米應如何嚴密防範免滋弊竇之處該道務須妥議詳覆以憑核奪毋遲速速並由直隸總局轉行分段稽查各委員一體遵照特劄

驗米大臣爲劉行事查沙船張義和等二十三名公
稟內稱該商等到次或已旬餘或逾半月大半尚未
挂撥間有挂撥之船日斛無幾環求速飭多發剝船
趕速起卸等情除批示飭遵外相應將原稟劄交直
隸總局按照所稟事理多發剝船如壩上起卸遲延
不敷周轉仍宜廣爲雇募以資應用仍將每日所挂
撥船數目逐日開單送轅備查并劄坐糧廳每日無
論所挂剝船若干務飭經紀儘數斛收當日即將各
船裝滿不得少挂尾零仍將每日所起米數於當晚
開單送轅本部堂即與局報所挂船數較對以杜諉

部而速運務切切特劄

驗米大臣為飭行事准駐通倉場部堂咨據坐糧廳汪潤呈稱遵查海運各起剝船提壩驗卸可得迅速無如石壩至河口一帶不但水勢過微且河面窄小剝船俱於小聖廟住泊現在另雇小剝起運每日加數起卸不過起米萬餘石此因限於天時非聽其任意遲延之故須待水勢充盈方於通壩起卸有濟等情相應移咨查照前來查坐糧廳專管北河催趲空重漕船挑挖淤淺例有明文本屆辦理海運該廳自應先事豫籌庶免臨時竭蹶乃於剝船到次藉口水淺並以河面窄小必須雇剝起運為詞查石壩河窄

並非始自今年現在剝船積壓數起守候多時必致不敷輪轉兼之所裝米石久經封釘或將一色好米薰蒸霉變在在堪虞殊非慎重辦公之道相應移咨駐通倉場部堂嚴飭該廳督率經紀人等設法趕辦遵照奏案剝船一經到次刻即驗收轉運毋誤漕行縱不能按照海運章程日起洪斛米四萬石亦必按照河運每日起米總以洪斛三萬石為率以便剝船騰空回津接運不准稍有遲滯倘再藉詞延宕即行據實嚴叅以示懲儆須至咨者

並劄直隸總局查照

驗米大臣為劄行事據清河道天津道詳稱查剝船運米如有虧折前經職道等遵照部議申明舊章係經紀查出剝船舞弊稟明有案責令剝船獨賠若經紀並未查出舞弊稟明有案到壩始經發覺責令經紀剝船各半分賠經紀分賠之米在耗米內抵除剝船分賠之米在食米內抵交抵賸之米仍給領用如不敷抵發回天津補追詳蒙憲臺允准行知在案今據該剝船戶具稟裝載白粮到壩每船短米二石餘至三石餘不等并未據經紀查出剝船舞弊稟明有案按照定章各半分賠每船裝米二百石上下帶有食米二

石餘斗以短米二三石核計各半分賠僅交之外尚須另行買補至米石到通因水淺起剝由該剝船按包給價抗卸脚錢亦令賠出未免益形苦累既據瀝情具稟自應查明辦理除咨會通壩坐糧廳外擬合詳請查核俯賜檄行通壩坐糧廳查明該剝船等所短米石是否照章分賠到通水淺剝運裏河應否由經紀自備船隻并抗卸脚價經紀有無領項應否令剝船賠出申覆飭知下道以便轉飭該剝船戶遵照等因前來查剝船虧折米石賠補章程業經本部堂於本月初六日按照奏定章程詳細行令遵辦在案自

應照案辦理毋得稍有舛錯至剝運裏河應否由經紀自備船隻并抗卸脚價經紀有無領項之處查經紀向有吊載剝船自行備用抗脚等費亦係按照通填抗價每石二厘給發由江蘇所解數內支給今據清河道等詳請劄飭申覆為此飛劄駐通坐粮廳查明剝運裏河應否由經紀自備船隻其抗卸脚價如令剝船户自發則所議每石二厘抗價自必毋庸給與經紀將來自必不請開銷是否如此辦理應令一併詳細聲覆以憑核辦特劄

[illegible]卷四　二十五

驗米大臣為咨行事現在海運辦理完竣經本部堂
奏明該府縣丞倅等均能明幹曉事晝夜辛勤目擊
各該員出力情形始終罔懈不敢壅於上
聞并聲明江南委員候補知府洪玉珩等認真籌辦經理
周詳勸諭商民耆舵水手胥遵約束其佐雜各員及
督押糧米航海委員亦均倍矢勤奮昕夕不暇查照
成案各按勞績分别咨明江省督撫辦理等因除將
差次原奏抄錄咨送及奉到
諭旨再行恭錄咨送外所有該候補府等在津出力各員應即
開單註明勞績移咨

貴督部堂
貴撫部院 查照辦理可也

計開

候補知府洪玉珩　該員派駐滬局督辦雇船兌運放洋各事井井有條諸臻周妥嗣復赴津勷理交米伺值驗卸籌畫精詳最為得力

候補同知王家珮　該員道光二十八年派赴天津勷辦海運甚為得力茲復在津綜理總局分局一切經費不辭勞怨力求撙節結實可靠

候補同知朱鈞　該員前經勷理上海局兌運各事嗣經派津總理分局及沙船一切事宜查船驗米

分泊盤量驗照給單彈壓水手遇有沙船控告門
毆錢債事件隨時審斷耆舵悦服深合機宜實為
該總局出色之員
候補同知梁逢辰　該員勤辦交米伺值驗卸照料
起撥委勘遭風船隻督押晒晾均能竭盡心力
州衙准補嘉定縣知縣吳煦　該員前委辦理省局
文案綜覈款目嗣經赴津勤理文案勾稽册檔始
終詳慎
糧道庫大使陳森培　候補道庫大使盧鴻飛　元
和縣周莊巡檢何本忠　該三員排船開梢監視解

收查驗米色督押風晾收照驗單開造冊籍催重
趲空事極煩瑣均能始終勤慎最為出力
金匱縣主簿王汝金　該員隨伺驗卸監督起斛查
報米數頗為幹練
蘇州府知事孫承履　該員駐劄海口收繳沙船器
械栓號造冊倍著辛勤
候補刑部員外郎王承基　請分發安徽試用知縣
沈學來　該二員籍隸松江舉充滬局董事雇募沙
船經理裝兑本極踴躍急公嗣復自備資斧押坐
海運沙船歷涉重洋躬親護送倍加妥速既省遴

委武職押運且與道光六年崇明縣舉人施彥士押護沙船成案相符洵屬勞勸最著抵津後復又收儲餘米彈壓水手毫無滋事尤為始終出力

以上單開共計十二員

海運續案　卷四

二十八

驗米大臣爲咨行事現在海運辦理完竣經本部堂
奏明該府縣丞倅等均能明幹曉事晝夜辛勤目擊
各該員出力情形始終罔懈不敢壅於上
聞并聲明天津府知府錢炘和署天津縣知縣謝子澄各
委員等及由通調津委員并營委將弁各按勞績咨
明直隸總督臣分別奏請奬勵等因除將差咨原奏
抄錄咨送及奉到
諭旨再行抄錄咨送外所有該府等在津出力各即應即
開單註明勞績移咨貴閣督部堂查照辦理可也
據直隸海運總局單開

天津府知府錢炘和

署天津府同知徐鏞

廣平府同知鍾瑞

天津縣知縣謝子澄

以上四員總理局務並會同江南委員查驗米

色

候補縣丞於恒吉

河工試用縣丞候選知縣於藩

候補縣丞耿日棠

武清縣河西務主簿鄒在人

建昌縣巡檢候選主簿陳克昌
候補從九孫冬旭
新補阜平縣典史汪格
以上七員管理局務並撥運支銷一切事宜
鎮標葛沽營遊擊薛成龍
鎮標大沽左營都司吳璋
鎮標大沽左營把總劉淳
鎮標大沽左營把總王開泰
鎮標大沽海口營把總王寶慶
鎮標大沽海口營把總陳發

鎮標大沽左營外委楊殿臣
鎮標大沽左營外委高立
鎮標大沽海口營外委杜來增
鎮標大沽海口營外委萬寶來
鎮標大沽左營外委高作霖
鎮標大沽左營外委王希堂
鎮標大沽海口營外委二錫恩

以上十三員出洋迎護導引沙船

天津縣葛沽巡檢樓東淇
河營外委常玉成

以上二員查報沙船進口出口日期

保定府理事同知博多宏武

以上一員稽查雇官人役及地方棍徒訛索沙船

楊村通判厲維梁

以上一員總理撥船稽查來往日期編列號次

北運河管兒巻千總王天文

經制外委部容

額外外委部宣

額外外委夏保泰

記名外委金福盛　郝文光

以上六員隨同楊村廳經管撥船事務

候補知縣劉湘

候補知縣毛慶麟

河營外委王炤

以上三員驗收官民撥船

天津府海防同知高應元

以上一員提調沙船撥船疏通河路

河營捷地汛把總黑永貴

河營外委施斌

河營外委郝慶瀾
以上三員隨同催提沙船疏通河路
河營守備張淳
天津縣典史劉玉衡
河營外委穆長清
河營外委王元慶
以上四員隨同催提撥船疏通河路
新補新城縣知縣鄭士蕙
候補知縣吴應台
候補知縣葉增慶

候補知縣薩炳阿
天津府經歷汪慶恩
滿元縣丞閔松燾
天津府北倉大使葉養度
河營把總尹光彩
以上八員監視撥船蓋用灰印封釘艙口
候補縣丞劉傑
以上一員查報起米數目
候補府經歷龔焕
候補縣丞祥瑞

候補按經歷費德聲
候補主簿熊琦
候補州判唐汝翼
霸保主簿朱浩良
天津縣楊青驛丞楊承杰
候補府倉大使汪葆光
候補從九盛祖培
候補吏目陳兆麟
候補從九沈士樾
候補從九沈敘時

候補未入趙元勳

候補未入胡濟寬

靜海縣主簿顧肇域

候補州判李執中

候補未入陳廷賡

南皮縣主簿王謨

河工候補從九許忠

清苑縣縣丞候選知縣汪鳴和

候補直隸州州判汪葆烜

任邱縣縣丞程椿

宣化府經歷宋嵩慶
鎮標右營外委王遇亨
鎮標城守營外委李墉
鎮標城守營把總劉法祖
鎮標左營外委王治華
鎮標左營外委王恩波
鎮標左營外委沈壽
鎮標左營外委喬世達
鎮標左營外委楊得
鎮標左營外委王遇豐

鎮標城守營外委高鍾洛
鎮標左營外委喬世林
鎮標左營外委李治安
鎮標右營外委章殿甲
鎮標右營外委劉煥
鎮標城守營外委華雲彪
鎮標左營外委吳承恩
鎮標城守營外委李逢瑞
鎮標城守營外委耿長泰
鎮標城守營外委曹大醇

鎮標城守營外委方廷標
鎮標城守營外委喬國勝
鎮標城守營外委趙國璧
鎮標靜海營外委楊克明
鎮標河間協左營外委高兆麟
以上四十七員輪流押催米船
督標左營遊擊白含章
督標中營遊擊吳燦
正定鎮標左營守備王恩洪
以上三員總理海河運河沙船剝船經由停泊

處所稽查彈壓
鎮標左營守備梁運彰
鎮標署右營守備哈清魁
鎮標左營把總劉翼雲
鎮標河間協右營商家林把總沈鳳鳴
鎮標景州營吳橋縣外委楊瑞
鎮標城守營外委王恩溶
以上六員隨同在於海河運河沙船撥船經由
停泊處所稽查彈壓
鎮標署天津城守營都司毛文藻

以上一員工圍至蒲口兩岸巡查

駐劄西沽督查候補知府金鐙

駐劄楊邨督查候補通判龔國瑞

駐劄河西務督查候補知縣劉必傳

駐劄小河口督查山海關通判烏林泰

分查第一段河營趙家場把總龔永清

分查第二段清河縣縣丞陳元祿

分查第三段天津縣縣丞王恒謙

分查第四段河營唐官屯千總馬寶泰

分查第五段候補縣丞蔣予修

分查第六段原派候補從九孔憲階該員丁憂後改
派候補從九蔣文濤
分查第七段候補吏目孫金鏞
分查第八段候補從九張輔廷
分查第九段布政司理問陳紹康
分查第十段候補縣丞高維翰
以上十五員巡查撥船偷漏舞弊
新陞多倫諾爾巡檢武清縣楊坨驛丞馮鼎
河營外委李德潤
東路同知吳承祖

通州知州佈彥
試用吏目孫慧元
通上汛把總夏春林
以上六員駐壩查催回空撥船
第一站東路營外委王萬忠
第二站東路營外委高殿舉
第三站務關外委張樹勳 蔡雲錫
第四站楊邨外委姚承霈 武純峯
以上六員沿河查催空船
候補通判葉榮春

借補吳橋縣　候補知縣楊雲鰲
鎮屬外委許萬隆
河營外委郭長清
鎮屬外委李茂林
河營外委郝桂森
河營外委常榮富
河營外委李際芳
河營外委李有慶
河營外委劉玉魁
河營外委時平儀

河營外委鄭潤
河營外委王煒
河營外委周焕文
河營外委趙慶瀾
河營外委李光恩
河營外委陳兆祥
河營外委王恩桐
河營外委楊永升
河營外委吴恩來
以上二十員公所聽候差委

海河主簿升補故城縣縣丞鄭繼勳

以上一員管理棚廠並回空沙船挖土壓載

以上直隸總局府縣以下各委員等及由通調津委員並營委將弁等共計一百五十九員久按差使不辭勞瘁本部堂蒙經奏明移咨

貴閣督部堂分別奏請獎勵再此次沙船嚮風慕義踴躍急公齊至天津與直隸撥船停泊河干者不下數萬人該天津府知府錢炘和署天津縣知縣謝子澄於聽斷之餘挨日周歷水次彈壓巡查數月以來沙船一無滋事偶與撥船交涉事件均持平審斷毫

不偏徇輿論翕然地方賴以安謐實屬循良勤幹應

由

貴閩督部堂從優奏請

獎叙

[illegible] 卷四 三十九

驗米大臣爲咨行事本屆海運辦理完竣經本部堂
奏明該府縣丞倅等均能明幹曉事晝夜辛勤幷聲
明天津各委員等及由通調津委員各按勞績咨明
直隸督臣分別奏請獎勵等因除據直隸總局原單
移咨外相應再行摘敘勞績移咨
貴閣督部堂查照辦理可也
計開
派令封艙記印委員
新城縣知縣鄭士蕙
候補知縣葉增慶

候補知縣薩炳阿
天津府經歷汪慶恩
滿完縣丞閔松壽
河營把總尹光彩
北倉大使葉養度
試用知縣吳應台由通調津自備資斧
以上各員自司事以來逐日河干不分晝夜洵
屬竭誠盡力始終罔懈
派令各船兌票欠單核數過硃委員
候補縣丞劉傑由通調津自備資斧　該員始終其

事不辭勞瘁

飭令駐劄分段巡查偷漏舞弊之督委各員

候補知府金鏜

第一段委員把總龔永清

第二段委員外委李光恩

第三段委員天津縣丞王恒謙

以上各員拿有小船偷賣臭米及船戶私開艙封等案巡查不分晝夜司事均屬認真

宣化府經歷宋嵩慶　該員行轅公所聽候差委收發公文委辦一切小心謹慎並無貽誤行轅事

竣後押第二十三運後起撥船

天津府海防同知高應元　該員曾經兩屆辦理海

運熟習情形此次海運提調沙船撥船疏通河

路辦理一切均屬妥詳穩練